Azhar de Youssouf

Quand je serai Président ...

Azhar de Youssouf

Quand je serai Président ...

la richesse appartiendra aux pauvres

Dictus Publishing

Imprint
Any brand names and product names mentioned in this book are subject to trademark, brand or patent protection and are trademarks or registered trademarks of their respective holders. The use of brand names, product names, common names, trade names, product descriptions etc. even without a particular marking in this work is in no way to be construed to mean that such names may be regarded as unrestricted in respect of trademark and brand protection legislation and could thus be used by anyone.

Cover image: www.ingimage.com

Publisher:
Dictus Publishing
is a trademark of
Dodo Books Indian Ocean Ltd. and OmniScriptum S.R.L publishing group

120 High Road, East Finchley, London, N2 9ED, United Kingdom
Str. Armeneasca 28/1, office 1, Chisinau MD-2012, Republic of Moldova, Europe
Printed at: see last page
ISBN: 978-613-7-35749-1

Avant-propos

Bienvenue dans cette exploration des rêves et des aspirations qui façonnent notre avenir commun aux Comores. Le titre de ce livre, **_« Quand je serai Président »,_** n'est pas un simple hasard, mais un appel à l'imagination, à l'engagement et à la responsabilité. Ce n'est pas une déclaration d'ambition personnelle, mais une invitation à chaque lecteur, à chaque citoyen, à se projeter dans un rôle crucial pour le bien de notre nation.

La rédaction de ce livre trouve sa source dans une profonde volonté de conscientiser le peuple comorien sur les réalités déliquescentes de sa condition sociale. Ce projet s'inscrit dans une démarche similaire à celle des Lumières européennes du 18e siècle, où des penseurs éclairés ont cherché à changer l'ordre social en éveillant les consciences à travers des écrits et des débats. Par analogie, les Lumières exigeaient une transformation radicale de la monarchie absolue en Europe, arguant que pour instaurer un changement significatif, il était impératif de préparer les esprits avant de libérer les énergies du peuple. Les philosophes de cette époque ont défendu des idéaux contre les monopoles du pouvoir, l'obscurantisme et ont largement contribué aux révolutions qui ont secoué le monde occidental, que ce soit en Angleterre, aux États-Unis en 1776, ou lors de la Révolution française en 1789.

De manière similaire, en prenant en compte le contexte spécifique des Comores, l'entreprise de rédiger ce livre vise à préparer les esprits, à changer les mentalités, et à inspirer une prise de conscience collective. Il s'agit d'un appel à l'éveil des consciences face aux défis sociaux, politiques et économiques auxquels la nation comorienne est confrontée.

Dans cette perspective, **_« Quand je serai Président »_** se présente comme un instrument de changement, un vecteur de transformation sociale, politique et économique. En développant des idées novatrices, des visions audacieuses et des solutions concrètes, le livre aspire à jouer un rôle catalyseur dans la construction d'une société comorienne plus éclairée, équitable et prospère. Il s'agit d'un effort délibéré pour émanciper les esprits, mobiliser les énergies et forger un consensus autour d'une vision commune d'avenir pour les Comores.

Ce livre est dédié à ceux qui sont actuellement aux commandes des destinées communales, aux visionnaires politiques, aux entreprises publiques et privées qui jouent un rôle essentiel dans la prospérité de nos communautés. Il s'adresse également à tous les hommes et femmes qui nourrissent des rêves d'un avenir radieux pour leur pays, aux étudiants et scolaires qui sont les bâtisseurs en herbe de demain, ainsi qu'à toute personne qui, ne serait-ce qu'un instant, a imaginé ce que serait sa présidence idéale.

Ce livre n'est pas simplement un programme politique. C'est un appel à l'action collective, un manuel d'inspiration, et un guide pour ceux qui ont à cœur le développement harmonieux de l'UNION DES COMORES. En explorant ces pages, vous découvrirez des idées audacieuses, des projets innovants et des aspirations profondes pour chaque coin de notre chère nation.

Le choix du titre est délibérément impersonnel. *« Quand je serai Président »* symbolise la possibilité que chacun de nous, quel que soit son rôle actuel dans la société, peut un jour être appelé à contribuer au bien-être de notre nation. Il incite à imaginer des perspectives différentes, à adopter des responsabilités élargies, et à participer activement à la création d'un avenir prospère pour tous.

Les pages qui suivent décrivent un programme politique ambitieux pour les Comores et des communes dynamiques et inclusives. Ce n'est pas seulement un plan pour des leaders politiques, mais une feuille de route pour tous ceux qui veulent être des agents du changement, des acteurs clés dans la transformation de nos réalités locales. Ainsi, je vous invite à plonger dans ce voyage intellectuel, à embrasser ces idées avec ouverture d'esprit, et à vous laisser inspirer par la vision d'un avenir où chaque coin de notre belle nation contribue à une mosaïque florissante et équilibrée.

Ensemble, nous pouvons bâtir l'avenir des Comores.

Pour un avenir radieux,

Azhar de Youssouf

Introduction

Le panorama actuel des Comores révèle une situation délicate tant sur le plan économique que politique. Les problèmes émanent de divers secteurs, avec une déliquescence marquée au sein des sphères gouvernementales. Les ministres, les directeurs généraux des sociétés d'État et les agents de l'administration générale des impôts et du domaine semblent participer activement à une dépravation des biens de l'État. La domanialité publique, originellement inaliénable et imprescriptible, est actuellement partagée de manière inquiétante, avec ces acteurs s'arrogeant le droit de s'en emparer.

Le tableau s'obscurcit davantage avec des agents des douanes adoptant un style de vie luxueux qui contraste fortement avec la transparence des salaires connus de tous. La justice, en dépit de son rôle crucial, est profondément entachée par la corruption, laissant entrevoir un horizon sombre dépourvu de perspectives ou d'une lueur d'espoir. Cette situation soulève des inquiétudes quant à l'évolution du pays, qui semble accumuler un retard significatif par rapport à d'autres États de la région de l'océan Indien.

Les Comoriens, découragés par cette réalité, semblent être devenus des éternels voyageurs en quête d'une vie meilleure ailleurs. Le sentiment général est celui d'une population déconnectée de son pays, cherchant refuge ailleurs pour échapper à la dégradation persistante de la qualité de vie. Cette situation soulève des interrogations profondes sur le devenir des Comores et sur la capacité du pays à rattraper le retard accumulé au fil des années.

Dans ce contexte difficile, nous avons choisi de prendre la plume pour rédiger ce livre, cherchant à apporter une contribution modeste mais significative à l'émergence d'idées novatrices. L'objectif est de nourrir l'espoir d'une renaissance pour les Comores, d'un lendemain qui chante. Ce livre aspire à susciter des réflexions profondes et à mobiliser l'énergie collective nécessaire pour élaborer des solutions innovantes capables de redresser la trajectoire du pays vers un avenir plus prometteur.

« Quand je serai Président » est une exploration audacieuse et visionnaire des priorités essentielles nécessaires à l'évolution d'un pays en voie de développement. Ce livre se plonge dans les domaines cruciaux de l'économie, de l'éducation, de la

santé, de l'agriculture, de la gouvernance, de l'énergie, des droits de l'homme, du commerce et de l'investissement, dévoilant une feuille de route complète pour stimuler le développement économique, social et politique. À travers les pages de ce livre, l'auteur nous entraîne dans un voyage intellectuel où chaque proposition est une invitation à l'innovation, à l'engagement, et à la transformation positive. Ce manifeste pour l'action dévoile une feuille de route complète pour stimuler le développement économique, social et politique. Des investissements massifs dans les infrastructures à la promotion des énergies renouvelables, de la lutte contre la corruption à la protection des droits de l'homme, chaque domaine représente une pierre angulaire du progrès.

Loin de se limiter à des théories, le livre s'appuie sur des exemples concrets et des succès observés à travers le monde. Chaque proposition devient un appel à l'innovation, à l'engagement, et à la transformation positive. Les facettes de l'économie, de l'éducation, de la santé, de l'agriculture, de la gouvernance, de l'énergie, des droits de l'homme, du commerce et de l'investissement convergent pour former une vision globale pour une nation émergente.

L'exploration se poursuit dans l'océan de possibilités qui façonnent l'avenir des Comores. À travers une vision régionale ancrée dans l'Océan Indien et l'Afrique de l'Est, des alliances stratégiques, et une riche diversité culturelle, les Comores s'inscrivent dans une dynamique régionale propice à la coopération et au développement mutuel. Au-delà des théories et des idées, ce livre est un manifeste pour un avenir prospère et éclairé. Il dévoile les clés pour libérer le dynamisme économique, éduquer les générations futures, assurer le bien-être de tous, et édifier une société basée sur la justice, la transparence et l'égalité.

Le premier chapitre plante le décor en esquissant le profil idéal du futur Président comorien, ancré dans l'intégrité, la compétence et l'humilité, les piliers fondamentaux qui guideront chaque décision, chaque action. Ce portrait dessine les contours d'un leadership visionnaire, prêt à relever les défis complexes qui jalonnent le chemin du progrès. La vision régionale des Comores, en tant que point d'ancrage dans l'Océan Indien et l'Afrique de l'Est, constitue le deuxième pilier. À travers des alliances stratégiques et une présence affirmée, les Comores s'inscrivent dans une dynamique régionale propice à la coopération et au développement mutuel. La richesse du métissage culturel comorien est explorée dans le troisième chapitre, révélant comment cette diversité devient un catalyseur inestimable pour l'ouverture et le développement. Une renaissance culturelle, articulée autour d'une réforme du grand-mariage, promet de revitaliser les fondements mêmes de l'identité comorienne.

Le livre s'aventure ensuite dans le domaine de l'éducation, déclarant un investissement massif comme impératif pour édifier un avenir prospère. Ce chapitre souligne le rôle crucial de l'éducation dans l'autonomisation des générations futures, créant ainsi une base solide pour le développement économique et social. La lutte contre la corruption est au cœur du cinquième chapitre, s'inspirant de stratégies éprouvées pour éradiquer ce fléau. Des réformes judiciaires ambitieuses, une gouvernance responsable, et des priorités législatives visionnaires sont autant d'outils déployés pour ériger des remparts contre la corruption.

Les derniers chapitres explorent la démocratie encadrée, l'engagement de la diaspora, la promotion de la santé maternelle, l'instauration d'un système de retraite universel, et la mise en place de lois régissant la vente des terres, la zone littorale, et la renaissance urbaine. Enfin, l'ouvrage conclut en plaidant en faveur de la création d'agences de développement dédiées, chacune étant une pierre angulaire pour édifier un avenir florissant.

« *Quand je serai Président* » est bien plus qu'un simple recueil d'idées ; c'est une invitation à rêver grand, à imaginer un avenir où les Comores, portées par un leadership éclairé, émergent comme une nation prospère, éthique, et résolument tournée vers l'avenir. À travers les pages de ce livre, l'auteur nous entraîne dans un voyage intellectuellement stimulant qui explore la réalisation du potentiel d'une nation. Par le biais de cette exploration, découvrez les clés pour libérer le dynamisme économique, éduquer les générations futures, assurer le bien-être de tous, et édifier une société basée sur la justice, la transparence et l'égalité. Ce livre est un manifeste pour l'action, une feuille de route pour un avenir prospère et éclairé.

Première partie

Les fondements d'une renaissance : vision et priorités pour les Comores

I- Le profil idéal du futur Président comorien : intégrité, compétence et humilité pour un avenir prospère

Le futur Président des Comores doit être le reflet d'une moralité exemplaire, gagnant la reconnaissance et l'approbation de la majorité de la population. Son parcours éducatif et professionnel devrait être marqué par une réussite scolaire normale et une expérience professionnelle significative, démontrant ainsi sa compétence et son engagement envers le développement du pays. L'amour incontestable pour la patrie doit être une caractéristique centrale de sa personnalité, perceptible à travers ses actions patriotiques et son passé. Il doit être un exemple vivant de dévouement envers le bien-être du pays, incarnant des valeurs solides et incontestables. Crucialement, son intégrité doit être au-dessus de tout soupçon, son nom restant préservé de toute implication dans des malversations économiques ou politiques. Le futur président devrait être bien plus qu'un simple leader, mais un rassembleur capable de fédérer la diversité de la population comorienne. La simplicité et la modestie doivent caractériser son attitude, reflétant un désintérêt marqué pour les biens matériels et mettant en avant des valeurs humaines fondamentales.

La vie conjugale du futur Président des Comores devrait véritablement être un modèle, reflétant des valeurs familiales solides et équilibrées. En tant que partenaire engagé et respecté, il devrait démontrer avec éloquence comment concilier les responsabilités familiales avec celles de la gouvernance nationale. Cette capacité à trouver un équilibre entre vie familiale et obligations professionnelles serait source d'inspiration pour la population, soulignant l'importance d'une harmonie entre vie personnelle et engagement envers la nation.

La culture, l'appétit intellectuel insatiable et la maîtrise des enjeux géopolitiques et des relations internationales sont des éléments cruciaux du profil présidentiel. En cultivant ces aspects, le futur leader comorien serait en mesure de prendre des décisions éclairées et stratégiques, bénéfiques tant pour le pays que pour ses relations internationales. La profonde connaissance des enjeux mondiaux renforcerait la position des Comores sur la scène internationale, favorisant une représentation digne et respectée. En tant que leader informé, le Président devrait être à la pointe des développements socio-économiques, politiques et culturels, tant au niveau national qu'international. Cette connaissance approfondie serait la clé pour élaborer des politiques efficaces, anticiper les défis à venir et saisir les opportunités de développement. Un engagement constant dans l'apprentissage continu et la recherche intellectuelle serait non seulement un exemple personnel, mais également un atout pour la gouvernance éclairée du pays.

La connaissance approfondie de la géographie et de l'histoire des Comores est impérative pour le futur Président. Cette familiarité avec le territoire national et son évolution au fil du temps permettrait une prise de décision éclairée, tenant compte des spécificités géographiques et historiques du pays. De même, une compréhension approfondie de la religion islamique est essentielle, le positionnant en tant que praticien dévoué et lui conférant une notoriété au sein des milieux culturels et intellectuels comoriens. L'amour pour la littérature, la culture, la science et la technologie doit être une caractéristique manifeste du futur Président. Cet intérêt profond contribuerait non seulement à son enrichissement personnel, mais également à la promotion des arts, de la connaissance scientifique et de l'innovation au sein de la société comorienne. Un leader cultivé et passionné serait mieux placé pour stimuler la créativité et l'évolution intellectuelle du pays.

La capacité d'écoute, la diplomatie et l'absence d'orgueil sont des traits indispensables pour un leader efficace. Être à l'écoute des préoccupations de la population, favoriser le dialogue et prendre des décisions avec sagesse sont des compétences qui renforceront la confiance du peuple envers son leadership. La diplomatie est également cruciale pour bâtir des relations solides sur la scène internationale.

L'objectif primordial du futur Président devrait être la réussite collective, plaçant l'intérêt général avant ses propres aspirations. Un leader déterminé à faire progresser son pays, conscient des défis économiques et du niveau de développement actuel, serait en mesure de formuler des politiques et des initiatives stratégiques visant à stimuler la croissance et à améliorer la qualité de vie de la population comorienne. Cet engagement envers le progrès collectif serait un moteur essentiel pour propulser les Comores vers un avenir de prospérité et d'épanouissement. Le futur Président comorien doit être ambitieux, ayant grandi au sein d'un parti politique et évolué au sein d'une famille politique. Reconnaître les succès des autres et savoir démissionner quand nécessaire sont des signes de maturité politique. Sa vision doit être centrée sur la prospérité de son pays, conscient de l'état délicat de son économie et déterminé à instaurer le progrès

Le portrait moral du futur Président comorien s'esquisse comme celui d'un leader intègre, compétent, humble et profondément attaché aux valeurs fondamentales. L'intégrité, en tant que pierre angulaire de sa personnalité, est non négociable. Ce leader doit incarner une éthique irréprochable, éloigné de toute implication dans des malversations économiques ou politiques, et démontrer un engagement indéfectible envers la probité. La compétence, reflet d'une éducation solide et d'une expérience professionnelle significative, est un impératif. Le futur Président doit être un individu éduqué, maîtrisant les enjeux géopolitiques et les relations internationales, capable de prendre des décisions éclairées pour le bien du pays. Sa compétence s'étend également à la connaissance approfondie de la géographie, de l'histoire et de la religion islamique des Comores.

L'humilité émerge comme une qualité cruciale, car ce leader ne doit pas être orgueilleux, mais plutôt être un rassembleur, sachant écouter et respecter les opinions divergentes. Son caractère humble le rend accessible à la population, favorisant ainsi le dialogue et la confiance. L'attachement aux valeurs fondamentales est un fil conducteur dans la vie personnelle et professionnelle du futur Président. Cela englobe un amour pour la littérature, la culture, la science et la technologie, illustrant ainsi une personnalité équilibrée et éclairée.

En somme, ce portrait moral dessine un leader dont la vision et les actions sont orientées vers la réussite collective du pays. Guidé par l'intégrité, la compétence, l'humilité et un profond attachement aux valeurs, ce futur Président est appelé à conduire les Comores vers un avenir prospère et éthique, plaçant toujours l'intérêt général au cœur de son engagement.

II-   Vision pour les Comores : Un ancrage régional dans l'Océan Indien et l'Afrique de l'Est

En tant que futur président, mon aspiration première est de guider les Comores vers une ère de prospérité démocratique, m'inspirant des réussites de nations voisines telles que Maurice, les Seychelles et la Réunion. Je suis convaincu que la taille restreinte de notre territoire ne devrait pas constituer un frein, mais plutôt un levier pour favoriser une croissance économique intelligente et durable. Pour concrétiser cette vision, je propose d'ancrer notre destin dans l'Océan Indien et d'œuvrer en collaboration étroite avec nos voisins africains, notamment dans la région de l'Afrique australe. La définition d'une vision stratégique ancrée sur nos voisins immédiats dans l'Océan Indien est essentielle pour les Comores. Notre pays partage des similitudes culturelles, climatiques et historiques profondes avec des nations telles que Maurice, Madagascar, Tanzanie, Mozambique, Kenya, les Seychelles, et d'autres. Ces liens résultent non seulement de notre histoire commune, mais aussi de nos origines et de la période de colonisation que nous avons partagée.

La coopération renforcée avec nos voisins de l'Océan Indien doit être au cœur de notre politique étrangère. Il est impératif de revoir notre politique diplomatique afin de rediriger nos ambassades vers les pays avec lesquels nous partageons des relations significatives. En établissant des ponts plus solides avec des nations telles que Maurice, Madagascar, la Tanzanie, le Mozambique, le Kenya et les Seychelles, nous renforçons notre position dans la région et ouvrons des opportunités stratégiques pour le développement économique.

En regardant au-delà de notre région, il est essentiel de tirer des leçons des pays qui ont réussi économiquement en s'inscrivant diplomatiquement dans un ancrage subrégional. Singapour, par exemple, s'est positionnée comme un hub économique en Asie du Sud-Est en établissant des partenariats solides avec ses voisins. La Nouvelle-Zélande, en s'engageant activement avec les nations du Pacifique, a renforcé son influence régionale et stimulé son développement économique. Le succès économique de certains pays résulte souvent de partenariats économiques stratégiques au sein de leur sous-région. En s'inspirant de ces modèles, les Comores peuvent explorer des accords commerciaux et des alliances qui favorisent une croissance mutuelle. L'intégration économique subrégionale offre également des avantages tels que la facilitation des échanges commerciaux, la création de marchés plus vastes et la stimulation de l'investissement étranger.

La coopération subrégionale peut également s'étendre aux domaines de l'éducation et de la recherche. Des collaborations avec des pays voisins dans ces domaines peuvent renforcer nos capacités et promouvoir l'innovation. Des échanges d'étudiants, des programmes conjoints de recherche et des partenariats académiques contribueront à créer un pool de connaissances partagées bénéfique pour tous les pays impliqués. Les Comores devraient s'intégrer activement dans les initiatives régionales existantes. Des organisations telles que la Commission de l'Océan Indien (COI) fournissent une plateforme pour la coopération en matière de commerce, de sécurité et de développement durable. Une participation active dans de telles initiatives renforce notre position dans la sous-région et favorise un dialogue continu avec nos voisins.

Il est inadmissible que les Comores maintiennent des ambassades dans des régions éloignées comme l'Afrique de l'Ouest et l'Extrême Orient sans renforcer nos liens avec des partenaires plus proches. Mon engagement est de fixer des objectifs clairs, atteignables et mesurables pour le bénéfice de nos citoyens. Cela implique de concentrer nos ressources diplomatiques et économiques là où elles auront un impact significatif, favorisant ainsi le bien-être de la population. Les Comores partagent des frontières maritimes, une culture commune, un climat similaire et une histoire partagée avec nos voisins de la région. Il est temps de reconnaître que nous avons un destin commun. Mon ambition politique est d'inscrire les Comores dans sa région, en favorisant un développement politique et économique inclusif. Cela nécessitera des partenariats stratégiques avec les pays de l'Océan Indien et de l'Afrique australe, exploitant nos similitudes pour renforcer la coopération et stimuler la croissance mutuelle.

Au cœur de mes ambitions politiques figure l'inclusion de tous les citoyens comoriens dans le processus de développement. Fixer des objectifs mesurables implique de garantir que chaque strate de la société bénéficie des initiatives entreprises. L'économie doit être structurée de manière à favoriser l'essor de tous, créant ainsi une nation démocratique et opulente, où chaque individu contribue à notre progrès collectif.

En résumé, l'ancrage subrégional des Comores dans l'Océan Indien offre une voie prometteuse pour un développement durable. En apprenant des succès diplomatiques d'autres nations, en établissant des partenariats stratégiques et en s'intégrant activement dans les dynamiques régionales, les Comores peuvent non seulement renforcer leur position dans la sous-région mais aussi stimuler une prospérité partagée avec leurs voisins. En unissant nos forces avec nos voisins et en plaçant les intérêts de nos concitoyens au premier plan, je m'engage à faire des Comores une nation exemplaire dans la région de l'Océan Indien, rayonnant par son développement harmonieux et inclusif.

III- Le métissage culturel : Un catalyseur pour l'ouverture et le développement des Comores

Je constate un défi significatif lié à la mentalité des Comoriens, où malgré leur propension au voyage, une réticence persistante à abandonner les valeurs du passé et à adopter un état d'esprit tourné vers l'avenir demeure préoccupante. Ce paradoxe entre leur ouverture au monde à travers les voyages et leur résistance à l'évolution culturelle et sociale souligne la nécessité urgente d'un changement de perspective. Pour assurer le progrès et le développement des Comores, il est impératif que le pays s'ouvre positivement au monde et transcende les limites de sa carapace culturelle. Bien que l'ancrage dans la culture et la religion islamique demeure essentiel, les Comores ont tout à gagner en accueillant d'autres cultures et en ouvrant leurs portes à des populations différentes sur le plan culturel et religieux. L'appel au métissage et au mélange des civilisations par le biais de l'immigration et des voyages devrait être un élément central de cette ouverture.

L'exemple probant du succès de nations telles que Maurice met en lumière de manière indéniable que le métissage culturel peut servir de puissant catalyseur au développement économique. Les Comores, positionnées au carrefour de multiples civilisations, se trouvent dans une position enviable pour exploiter cette richesse culturelle et ainsi amorcer des changements positifs substantiels sur les plans économique, technologique et politique. Refuser de considérer le métissage comme un atout, c'est maintenir le pays dans un état de retard qu'il est impératif de surmonter.

Les avantages du métissage ne sont pas un phénomène isolé. En regardant au-delà de nos frontières, plusieurs nations ayant embrassé l'ouverture culturelle ont prospéré de manière remarquable. Singapour, par exemple, a connu un essor économique spectaculaire grâce à sa politique d'acceptation et d'intégration de diverses cultures et communautés. Cette ouverture a créé un environnement propice à l'innovation et à la collaboration, positionnant Singapour comme l'un des centres économiques les plus dynamiques du monde.

De même, le Canada est un exemple édifiant d'une nation qui a accueilli des populations diverses et a fait du multiculturalisme une force unificatrice. La diversité culturelle du Canada a contribué à son tissu social dynamique et à sa prospérité économique, tout en favorisant un environnement où les talents et les idées peuvent s'épanouir. L'Australie, en adoptant une politique d'immigration inclusive, a également bénéficié d'une diversité culturelle qui a alimenté son développement économique et social. L'intégration harmonieuse de différentes cultures a non seulement renforcé la résilience de la nation, mais a également contribué à forger une identité nationale riche et inclusive.

En considérant ces exemples, il devient clair que le métissage culturel est un puissant moteur de progrès. Les Comores, en suivant cette voie, peuvent non seulement rattraper leur retard, mais aussi émerger en tant que nation prospère, dynamique et tournée vers l'avenir. En embrassant la diversité, nous enrichissons notre tissu social, favorisons l'innovation et créons un environnement propice à la réussite collective. Dans le cadre de ma présidence, je m'engage à ouvrir résolument les Comores à d'autres cultures et à accueillir des populations diverses qui souhaitent contribuer à notre essor collectif. Le modèle du melting-pot, éprouvé avec succès aux États-Unis et dans d'autres parties du monde, sera la pierre angulaire de cette démarche. En permettant le brassage culturel, nous créons une synergie qui propulse le pays vers l'avant, favorisant un environnement dynamique et innovant.

Il est impératif de reconnaître que l'isolement culturel ne constitue en aucun cas la voie vers le développement pour les Comores. Au contraire, l'heure est venue d'embrasser la diversité comme une source inestimable d'enrichissement. En ouvrant nos portes à de nouvelles perspectives, les Comores peuvent non seulement diversifier leur tissu social et économique mais également tracer la voie vers un avenir prospère et harmonieux. La richesse de la diversité culturelle offre un moyen de transcender les barrières du passé. En mettant de côté les entraves qui ont pu limiter notre progression, nous avons l'opportunité de construire un avenir où les Comoriens prospèrent ensemble. Cette ouverture culturelle n'est pas simplement une concession à la modernité, mais plutôt un moteur essentiel pour dynamiser notre société et économie.

L'acceptation du métissage devient ainsi un catalyseur fondamental du développement. En mélangeant les différentes influences culturelles qui convergent dans notre pays, nous créons un tissu social tissé de diversité, renforçant ainsi notre résilience face aux défis à venir. L'ouverture aux autres cultures et populations devient une stratégie proactive pour insuffler une énergie nouvelle dans notre société, propulsant les Comores vers un niveau de prospérité jusqu'ici inexploré.

C'est dans cette dynamique de changement que résident nos opportunités de croissance économique et sociale. Loin d'être une menace pour nos traditions, l'ouverture culturelle devient plutôt un moyen de les revitaliser. C'est une chance d'intégrer le meilleur de chaque culture, de fusionner des idées innovantes avec des valeurs profondément ancrées, créant ainsi un tissu social résilient et adaptable. En conclusion, l'ouverture culturelle n'est pas seulement une nécessité contemporaine, mais également une voie vers l'avenir pour les Comores. En embrassant la diversité et en se libérant des contraintes du passé, nous pouvons construire un avenir où l'unité dans la diversité devient la force motrice de notre essor collectif.

IV- Renaissance culturelle : Réforme du grand-mariage pour un avenir prospère

Au cœur de ma vision pour le développement des Comores réside la conviction profonde qu'un changement fondamental dans la mentalité collective est essentiel. Ce changement doit être catalysé par un déplacement des valeurs traditionnelles vers un état d'esprit progressiste qui célèbre le changement, l'innovation et la diversité culturelle. Pour concrétiser cette transformation, des campagnes éducatives stratégiques seront mises en œuvre, visant à promouvoir une évolution mentale propice au progrès.

La mise en œuvre de campagnes éducatives est cruciale pour amorcer ce changement de mentalité. Ces campagnes devraient non seulement sensibiliser à l'importance du progrès et de l'innovation, mais aussi encourager la population à embrasser la diversité culturelle comme une force motrice du développement. Des programmes éducatifs axés sur l'ouverture d'esprit, la tolérance et la compréhension mutuelle seront essentiels pour stimuler une mentalité progressiste.

Reconnaissant l'attachement des Comoriens à leurs valeurs culturelles ancestrales, il est nécessaire de trouver un équilibre entre la préservation des traditions et l'acceptation du changement. Un dialogue intergénérationnel, impliquant des leaders communautaires, des jeunes, des aînés et des intellectuels, pourrait être instauré. L'objectif serait de réinterpréter ces valeurs de manière à les rendre compatibles avec les besoins et les défis du monde moderne. Un aspect crucial de cette transformation culturelle serait la réforme du phénomène Anda, particulièrement le Grand-Mariage. Appeler à une assemblée multidisciplinaire, comprenant des anthropologues, des historiens, des juristes, des sociologues et des représentants de toutes les catégories sociales, serait le premier pas vers une évaluation approfondie du phénomène. Cette assemblée pourrait explorer des alternatives qui préservent les valeurs culturelles tout en éliminant les aspects économiquement contraignants du Grand-Mariage.

Les campagnes éducatives et le dialogue intergénérationnel devraient également mettre en évidence les impacts économiques négatifs du phénomène Anda. Sensibiliser la population aux conséquences financières et sociales de cette coutume encourage une compréhension plus large des enjeux. Cette sensibilisation pourrait inclure des témoignages de ceux qui ont été affectés négativement par le fardeau financier du Grand-Mariage.

L'assemblée multidisciplinaire envisage des solutions concrètes visant à réformer le phénomène Anda, le Grand-Mariage. Ces propositions s'articulent autour de plusieurs axes stratégiques pour instaurer un changement progressif et durable dans la pratique de cette coutume. Une première étape cruciale de la réforme consisterait à élaborer des textes législatifs et réglementaires spécifiques encadrant le Grand-Mariage. Ces mesures pourraient définir des limites budgétaires, établir des normes pour la célébration, et introduire des mécanismes de contrôle afin de prévenir les dépenses excessives.

Des campagnes de sensibilisation bien ciblées seront essentielles pour informer la population des enjeux liés au Grand-Mariage. Ces campagnes devraient mettre en lumière les conséquences économiques et sociales du phénomène Anda, soulignant la nécessité d'adopter des pratiques plus modérées et responsables.

Introduire des incitations financières pour encourager des célébrations plus modestes serait une approche positive. Des avantages fiscaux, des subventions ou d'autres incitations économiques pourraient être proposés aux couples optant pour des cérémonies plus économiquement viables, contribuant ainsi à alléger la pression financière sur les familles. Des programmes éducatifs visant à changer les perceptions culturelles entourant le Grand-Mariage sont indispensables. Ces programmes pourraient être intégrés dans les écoles, les mosquées et d'autres institutions communautaires. Ils devraient mettre en évidence l'importance de préserver les valeurs culturelles tout en adoptant des pratiques plus adaptées aux réalités économiques contemporaines.

Encourager un dialogue interactif avec la population est essentiel pour une adhésion réussie à ces changements. Des forums communautaires, des discussions ouvertes et des consultations publiques pourraient permettre aux citoyens de participer activement à la redéfinition du Grand-Mariage, favorisant ainsi une appropriation collective des réformes proposées. La collaboration avec les parties prenantes, y compris les leaders religieux, les organisations communautaires, et les entreprises locales, est cruciale. Les perspectives et les compétences de ces acteurs peuvent enrichir la réflexion et faciliter la mise en œuvre réussie des réformes du Grand-Mariage.

En synthèse, ces propositions pragmatiques visent à aborder le phénomène Anda de manière holistique, en intégrant des aspects législatifs, éducatifs, et incitatifs. La transformation culturelle des Comores nécessite donc un effort concerté pour changer les mentalités, réinterpréter les traditions et réformer des coutumes économiquement contraignantes. Cette approche multidimensionnelle vise à préserver les valeurs culturelles tout en créant un environnement propice au développement économique et social durable.

V-   Investissement massif dans l'éducation pour un avenir prospère

Au cœur de mon programme politique réside un pilier essentiel : l'investissement massif dans l'éducation. Je suis convaincu que l'éducation constitue la clé fondamentale pour transformer la mentalité de notre nation et préparer les générations futures aux défis du XXIe siècle. En assumant la présidence des Comores, je m'engage à placer l'éducation au centre de mes ambitions politiques, avec un accent particulier sur la redéfinition des programmes éducatifs pour répondre aux besoins spécifiques de notre pays. La première étape de cette réforme éducative consistera en une consultation approfondie avec les professionnels de l'éducation, les experts et les pédagogues. Leur expertise sera cruciale pour déterminer les besoins éducatifs spécifiques des Comores. En impliquant activement ces acteurs, nous nous assurerons que nos programmes scolaires sont pertinents, adaptés à notre culture, et alignés sur nos aspirations économiques et sociales.

L'impératif pour les Comores de définir leurs propres programmes scolaires représente une démarche cruciale pour garantir une éducation en phase avec notre identité culturelle et les besoins spécifiques de notre société. En s'inspirant de pays qui ont réussi sur le plan éducatif en développant des programmes scolaires adaptés, nous pouvons façonner une éducation authentique, pertinente et globalement compétitive.

Singapour est souvent citée en exemple pour son système éducatif qui met l'accent sur la flexibilité et la pratique. En développant des programmes scolaires axés sur les compétences, Singapour a réussi à préparer ses étudiants à résoudre des problèmes du monde réel. Cette approche, centrée sur l'apprentissage pratique, permet aux élèves de développer des compétences utiles dans leur vie quotidienne et dans le monde professionnel.

La Finlande a adopté une approche novatrice en plaçant l'égalité et l'individualisation au cœur de ses programmes scolaires. En développant des programmes qui s'adaptent aux besoins individuels des élèves, la Finlande a réussi à créer un environnement éducatif inclusif. Cette approche, qui met l'accent sur le respect de l'individualité, pourrait inspirer les Comores à personnaliser davantage l'éducation pour répondre aux besoins spécifiques de chaque apprenant. La Nouvelle-Zélande a intégré les connaissances et la culture Maorie dans ses programmes scolaires pour reconnaître et célébrer son identité indigène. En développant des cours qui intègrent la culture locale, la Nouvelle-Zélande a réussi à renforcer le sentiment d'appartenance des élèves et à préserver sa diversité culturelle. Une telle approche pourrait servir d'exemple pour les Comores, en veillant à ce que les programmes scolaires intègrent de manière significative l'histoire, la langue et la culture comoriennes.

La Corée du Sud a adopté une approche axée sur l'innovation dans ses programmes scolaires, mettant l'accent sur le développement des compétences en sciences, en technologie et en ingénierie. En encourageant la créativité et l'innovation, la Corée du Sud a positionné ses étudiants comme des acteurs clés dans l'économie mondiale. Les Comores pourraient s'inspirer de cette approche pour développer des programmes qui encouragent la pensée critique et l'innovation. Le Canada, avec son approche bilingue, offre une perspective intéressante. En développant des programmes scolaires qui intègrent l'enseignement dans deux langues officielles, le Canada promeut la diversité linguistique et culturelle. Les Comores pourraient envisager une approche similaire en intégrant l'enseignement de plusieurs langues, renforçant ainsi la connectivité avec d'autres cultures et nations.

En vue de garantir une éducation accessible à tous, je proposerai que l'éducation soit obligatoire pour tout enfant résidant aux Comores jusqu'à l'âge de 18 ans. Cette mesure vise à offrir à chaque jeune l'opportunité de développer son potentiel, indépendamment de son contexte socio-économique. L'objectif est de créer une société éduquée, dynamique et apte à relever les défis contemporains. L'éducation doit être gratuite et de qualité. L'État doit assumer pleinement ses engagements régaliens en fournissant les ressources nécessaires pour garantir un accès équitable à une éducation de qualité. Cela inclut le financement adéquat des établissements scolaires, le recrutement de professeurs compétents, et l'adoption de méthodes pédagogiques innovantes.

L'éducation dispensée devra être conçue de manière à établir un lien direct entre les compétences acquises et les opportunités d'emploi disponibles sur le marché. Les programmes éducatifs modernes devront être orientés vers les besoins du secteur professionnel, préparant ainsi les jeunes à intégrer efficacement le monde du travail dès leur sortie de l'école.

En résumé, en puisant dans les expériences éducatives réussies de pays comme Singapour, la Finlande, la Nouvelle-Zélande, la Corée du Sud et le Canada, les Comores peuvent élaborer des programmes scolaires uniques qui reflètent leur identité culturelle tout en préparant les élèves à exceller dans un contexte mondial. L'accent sur les compétences et l'ouverture d'esprit restera au cœur de cette refonte éducative inspirante. L'investissement massif dans l'éducation aux Comores constitue donc une pierre angulaire de ma vision politique. En redéfinissant nos programmes éducatifs, en rendant l'éducation accessible à tous et en établissant un lien étroit entre l'éducation et l'emploi, nous créons les fondements d'un avenir prospère pour notre nation.

VI- Le bien commun comme but du politique

Le bien commun en tant que finalité de la politique constitue un principe fondamental qui a traversé les siècles et demeure d'une pertinence indéniable dans la réflexion politique contemporaine. Cette notion transcende les intérêts individuels pour embrasser l'idée d'un bénéfice partagé, d'une prospérité collective. Ainsi, il est essentiel de disséquer cette idée, d'explorer son origine philosophique, son évolution historique et ses implications pratiques dans la gouvernance moderne.

Historiquement, les racines du concept de bien commun remontent à la pensée classique, notamment chez les philosophes grecs tels que Platon et Aristote. Ces penseurs ont envisagé la politique comme un moyen de réaliser le bien commun, défini comme le bien de la cité dans son ensemble. Le bien commun était intrinsèquement lié à la justice, à la vertu et à l'harmonie sociale. Cette perspective a été ensuite adoptée et adaptée par des figures majeures de la pensée politique, de saint Augustin à saint Thomas d'Aquin, contribuant à ancrer la notion dans la tradition philosophique et théologique.

À l'aube de la pensée moderne, le concept de bien commun a trouvé une nouvelle vigueur avec des penseurs tels que Thomas Hobbes, John Locke et Jean-Jacques Rousseau. Ces philosophes ont examiné la question du contrat social et ont discuté de la manière dont la politique pourrait servir à atteindre le bien commun en conciliant les intérêts individuels avec ceux de la collectivité. Dans un contexte contemporain, la notion de bien commun est devenue un principe directeur pour évaluer les politiques publiques et les décisions gouvernementales. Elle implique la recherche d'un équilibre entre les droits individuels et les nécessités collectives. Des domaines tels que la justice sociale, l'éducation, la santé publique et l'environnement sont souvent évalués en fonction de leur contribution au bien commun.

La gestion efficace du bien commun exige également la participation active des citoyens dans le processus démocratique. La démocratie, conçue comme le gouvernement du peuple, par le peuple et pour le peuple, devient l'instrument par excellence pour poursuivre le bien commun. L'engagement civique, la transparence gouvernementale et la responsabilité sociale sont des composantes cruciales de cette démarche. Le bien commun comme objectif du politique constitue un pilier central dans la réflexion politique et éthique. Il offre un cadre pour évaluer les décisions politiques, inspire des politiques publiques justes et durables, et incarne l'idéal d'une société où la prospérité individuelle et collective convergent vers une destinée commune. Ainsi, la poursuite du bien commun demeure une quête inlassable pour les dirigeants et les citoyens engagés dans la construction d'une société plus équitable et harmonieuse.

La situation aux Comores, où la notion de bien commun semble être extrapolée au profit d'intérêts particuliers, soulève des préoccupations significatives quant à la gouvernance et à la prise de décision au sein de l'État. Cette déviation entre l'intérêt général et les intérêts particuliers pose des défis majeurs pour le développement harmonieux de la nation et met en lumière la nécessité de repenser les fondements éthiques de la politique. La confusion entre l'intérêt général, représenté par le bien commun, et les intérêts particuliers résulte de divers facteurs, tels que des pratiques politiques corrompues, des luttes de pouvoir internes, ou même un manque de responsabilité et de transparence dans la gestion des affaires publiques. Dans ce contexte, il est impératif de disséquer les causes de cette déformation de la notion de bien commun et d'explorer les conséquences qui en découlent.

L'une des principales raisons de cette confusion réside dans l'absence de mécanismes de contrôle et de reddition de comptes efficaces. Lorsque les institutions gouvernementales ne sont pas en mesure de garantir la transparence et la responsabilité, cela crée un vide propice à l'influence des intérêts particuliers. La corruption, sous diverses formes, s'infiltre dans les processus décisionnels, détournant ainsi l'attention des objectifs du bien commun au profit d'une minorité. Par ailleurs, les luttes de pouvoir au sein de l'appareil étatique contribuent également à cette distorsion des priorités. Les factions politiques rivales, cherchant à consolider leur pouvoir, privilégient des intérêts particuliers plutôt que l'intérêt général. Cette dynamique politicienne compromet la capacité de l'État comorien à agir dans l'intérêt supérieur de la population.

Pour remédier à cette situation, des réformes structurelles s'imposent. Renforcer les mécanismes de contrôle et de lutte contre la corruption, instaurer des institutions indépendantes de surveillance, et promouvoir une culture de transparence sont des éléments essentiels pour rétablir la primauté du bien commun. De plus, il est crucial de promouvoir une éthique politique basée sur la responsabilité envers la population, mettant ainsi un terme aux pratiques clientélistes et favorisant la prise de décision éclairée.

La situation aux Comores, où la notion de bien commun est parfois reléguée au second plan au profit d'intérêts particuliers, appelle à une introspection profonde et à des actions concrètes. La réaffirmation des principes éthiques, la mise en place de mécanismes de contrôle robustes et la promotion d'une culture politique axée sur le bien commun sont des impératifs pour construire un avenir où l'intérêt général prévaut sur les intérêts particuliers.

En assumant la responsabilité de la plus haute fonction de l'État, je m'engage à entreprendre des réformes radicales pour éradiquer le fléau de la corruption et instaurer une gouvernance éthique. La corruption, sous toutes ses formes, constitue un obstacle majeur au progrès socio-économique. Elle sape la confiance du peuple dans les institutions publiques, compromet l'équité et détourne les ressources nécessaires au bien-être de la population. Mon engagement est fondé sur la conviction qu'une gouvernance transparente et intègre est essentielle pour bâtir un avenir prospère aux Comores.

Pour remédier à ce fléau, une approche holistique s'impose. Tout d'abord, je compte renforcer les mécanismes de contrôle et de surveillance, instaurant ainsi une transparence totale dans la gestion des affaires publiques. Des organismes indépendants seront créés pour enquêter sur les allégations de corruption, garantissant ainsi l'impartialité et l'efficacité du processus. En parallèle, une réforme judiciaire en profondeur sera entreprise. L'indépendance de la justice sera renforcée, et des tribunaux spécialisés dans les affaires de corruption seront établis. Des procédures accélérées assureront une justice rapide et dissuaderont ceux qui cherchent à exploiter le système.

La sensibilisation et l'éducation joueront également un rôle central dans ma stratégie anti-corruption. Des campagnes publiques visant à éduquer la population sur les méfaits de la corruption seront lancées, créant ainsi une culture de rejet de la corruption à tous les niveaux de la société. En outre, je m'engage à mettre en place des incitations pour promouvoir l'intégrité au sein de la fonction publique. Des salaires compétitifs et des conditions de travail favorables seront offerts pour dissuader les pratiques corrompues. Des récompenses seront instaurées pour encourager les lanceurs d'alerte et ceux qui contribuent à l'exposition des actes de corruption.

Cette lutte implacable contre la corruption ne se limitera pas à des discours, mais sera ancrée dans des actions concrètes. En tant que futur Président, je prends l'engagement ferme de restaurer l'honneur de la fonction publique, de reconstruire la confiance du peuple et de tracer la voie vers un avenir où l'éthique et l'intégrité guideront chaque décision gouvernementale. Mon ambition est claire : bâtir une nation où la justice prévaut, où les opportunités sont équitables, et où la corruption est reléguée aux pages sombres de l'histoire. Quand je serai Président, la lutte contre la corruption sera le pilier sur lequel reposera notre quête commune de progrès et de prospérité.

VII- Vers un avenir intègre : lutte inébranlable contre la corruption aux Comores

La lutte implacable contre la corruption aux Comores représente un impératif majeur pour le progrès de la nation. Ce fléau, profondément enraciné dans toutes les strates de la société, entrave le développement économique et social du pays. En tant que futur leader, mon engagement inébranlable repose sur des solutions novatrices visant à éradiquer la corruption et à instaurer un ordre éthique et institutionnel durable. Le renforcement des institutions anti-corruption constitue le socle de cette lutte. En accordant des ressources adéquates et une indépendance totale à ces organes, nous créons les conditions propices à une action efficace. Des partenariats internationaux seront établis pour coordonner nos efforts avec d'autres nations engagées dans la lutte contre la corruption.

La transparence érigée en principe fondamental de gouvernance sera notre boussole éthique. L'accessibilité au public des actions gouvernementales, des transactions publiques et des décisions administratives jettera les bases d'une gestion transparente des fonds publics. Des mécanismes de responsabilisation seront instaurés pour garantir que les fonctionnaires répondent de leurs actes. Une réforme judiciaire approfondie s'impose pour renforcer l'indépendance du système judiciaire. La formation spécialisée des magistrats et l'instauration de procédures accélérées favoriseront une application rigoureuse des lois anti-corruption. Il est crucial de restaurer la confiance du peuple dans le système judiciaire.

La participation citoyenne active sera encouragée. Des mécanismes de dénonciation des actes de corruption, avec une protection accrue des informateurs, seront mis en place. Des campagnes de sensibilisation viseront à éduquer la population sur les conséquences néfastes de la corruption, mobilisant ainsi un soutien public en faveur de mesures anti-corruption. L'intégration de technologies de l'information avancées marquera une avancée significative. Le développement de plateformes électroniques pour automatiser les processus administratifs réduira les opportunités de corruption. Des systèmes de surveillance électronique permettront de détecter les comportements suspects et de prévenir les actes de corruption. Une révision des salaires et des conditions de travail des fonctionnaires est nécessaire pour réduire les incitations à la corruption. En offrant des rémunérations compétitives et un environnement de travail propice, nous aspirons à élever le niveau d'intégrité au sein des institutions publiques.

Stratégies inspirées pour éradiquer la corruption aux Comores

La lutte contre la corruption aux Comores exige une approche novatrice, fusionnant éthique et institutionnalisation. En nous inspirant des succès d'autres nations ayant surmonté ce défi, nous pouvons ériger un État intègre et transparent. Les pays nordiques, tels que la Norvège, la Suède et le Danemark, se démarquent par leur faible niveau de corruption, résultat d'une gouvernance centrée sur la transparence. En adoptant ces pratiques, les Comores peuvent instaurer une norme d'intégrité, érigeant un rempart contre la corruption à tous les niveaux de la société.

Singapour offre un modèle de renforcement des institutions anti-corruption. En investissant dans des mécanismes de surveillance avancés et en garantissant leur totale indépendance, les Comores peuvent ériger des barrières infranchissables contre la corruption. La participation citoyenne a été déterminante dans des pays comme le Brésil, où des mouvements populaires ont émergé pour lutter contre la corruption. Encourager la dénonciation et sensibiliser la population aux conséquences néfastes de la corruption sera un pilier central de notre lutte.

La République de Corée a prouvé que l'utilisation des technologies de l'information peut considérablement réduire les opportunités de corruption. Les Comores peuvent emboîter le pas en développant des plateformes électroniques et des systèmes de surveillance pour assurer une gestion transparente des ressources publiques. La réforme judiciaire sera notre fer de lance, s'inspirant des expériences de pays comme l'Estonie, qui a renforcé son système judiciaire pour traiter efficacement les affaires de corruption. Des procédures accélérées et une formation spécialisée pour les magistrats seront essentielles.

Enfin, pour éliminer les incitations à la corruption, les Comores peuvent suivre l'exemple du Rwanda en revisitant les salaires et les conditions de travail des fonctionnaires, élevant ainsi le niveau d'intégrité au sein des institutions publiques. Adoptant ces stratégies inspirées des succès d'autres nations, nous forgeons un avenir où la justice et la transparence sont les piliers de notre société, libérant les Comores des entraves de la corruption pour atteindre des sommets de prospérité et d'intégrité. En adoptant ces solutions novatrices, nous visons à démanteler les fondations de la corruption aux Comores. Cette lutte holistique, combinant des réformes institutionnelles, une participation citoyenne active et l'utilisation de technologies modernes, tracera la voie vers un avenir où l'éthique et l'intégrité prévalent, propulsant les Comores vers une ère de justice et de transparence.

VIII- Réforme ambitieuse pour une Justice impartiale aux Comores

L'état actuel de la justice aux Comores nécessite une refonte en profondeur de son institution judiciaire. En tant que futur Président de l'Union des Comores, ma vision est d'instaurer une justice impartiale, accessible et ancrée dans les spécificités comoriennes. La rédaction d'un Droit comorien unifié sera la pierre angulaire de cette transformation. Ce corpus juridique, fruit d'une synthèse entre le droit positif romain, le droit islamique et la coutume comorienne, visera à créer un cadre légal cohérent et adapté à la réalité et à l'histoire du pays. L'Indépendance de la magistrature sera un pilier fondamental. Les magistrats seront élus selon leurs compétences par le corps des magistrats, éliminant ainsi l'influence directe du Président de la République dans leur nomination. Les hautes fonctions des magistrats et procureurs seront soumises au vote des juges, garantissant ainsi une gestion autonome de leur institution. La rédaction d'un Droit comorien unifié, intégrant le droit positif romain, le droit islamique et la coutume comorienne, constitue une étape cruciale pour la transformation juridique du pays. Pour ce faire, il peut être instructif de s'inspirer de l'expérience juridique de l'Allemagne, matérialisée à travers le **Bürgerliches Gesetzbuch** (Code civil allemand) élaboré à la fin du XIXe siècle, offre un exemple inspirant pour les Comores. Ce code a réussi à unifier diverses sources juridiques préexistantes en un système cohérent. Les Comores pourraient tirer des enseignements de ce processus d'harmonisation pour intégrer efficacement les différentes sources du droit au sein d'un corpus juridique unifié. En examinant le cas de l'Algérie, on constate une intégration réussie d'éléments de droit islamique dans son système juridique, sans compromettre les principes fondamentaux de justice et d'équité. Les Comores pourraient s'inspirer de cette expérience afin d'explorer une intégration équilibrée du droit positif et de la charia dans leur nouveau corpus juridique.

Le modèle canadien de nomination des juges, axé sur le mérite et l'indépendance, offre une piste intéressante pour les Comores. La création d'une commission indépendante de nomination des juges, à l'image du processus canadien, renforcerait l'indépendance de la magistrature et contribuerait à garantir la sélection des juges sur la base de leurs compétences plutôt que d'influences politiques. En s'inspirant du système américain de séparation des pouvoirs, les Comores pourraient renforcer l'indépendance de la magistrature. Le modèle de **checks and balances** des États-Unis, limitant l'influence directe du Président dans la nomination des juges, servirait à assurer une justice impartiale et renforcer la confiance du public dans le système judiciaire. En synthétisant ces approches, les Comores peuvent élaborer un Droit comorien unifié, respectant les principes du droit positif, du droit islamique et de la coutume locale. L'instauration de l'indépendance de la magistrature, basée sur des modèles éprouvés ailleurs, renforcera la confiance du public dans le système judiciaire, contribuant ainsi à une administration de la justice équitable et transparente.

L'initiative de délocaliser les tribunaux d'instance dans chaque commune dans le but de démocratiser l'accès à la justice et de renforcer la proximité entre la justice et les citoyens peut être inspirée par des expériences de plusieurs pays qui ont adopté des approches similaires. De plus, l'intégration de critères expérimentaux dans le processus de recrutement des magistrats, ainsi que l'exigence d'une compréhension approfondie des dimensions religieuses à travers des diplômes supplémentaires en droit musulman ou en sciences islamiques, peut être justifiée en se basant sur des pratiques existantes dans d'autres juridictions.

Expérience de délocalisation des tribunaux d'instance dans les communes

En France, certaines juridictions ont mis en place des tribunaux d'instance délocalisés, notamment dans des zones rurales, pour faciliter l'accès à la justice. Ces initiatives ont été saluées pour avoir réduit les distances que les citoyens doivent parcourir pour accéder aux tribunaux, contribuant ainsi à une justice plus accessible. Le Brésil a également entrepris des initiatives de décentralisation judiciaire, avec des tribunaux d'instance implantés dans des zones éloignées des grandes villes. Cela a permis de mieux desservir les populations locales et de répondre aux besoins spécifiques de chaque communauté.

En Afrique, plusieurs pays ont également adopté des initiatives de délocalisation des tribunaux d'instance dans les communes, mettant en œuvre des réformes visant à rapprocher la justice des citoyens et à améliorer l'accessibilité aux services judiciaires. Parmi les exemples notables : L'Afrique du Sud a mis en place des tribunaux magistraux dans les townships et les zones rurales afin de rapprocher la justice des communautés éloignées. Ces tribunaux magistraux traitent des affaires civiles et pénales de moindre importance, offrant ainsi un accès plus facile à la justice pour les citoyens vivant en dehors des grandes villes.

Le Rwanda a mis en œuvre des réformes judiciaires significatives, dont la décentralisation des tribunaux d'instance. Cette démarche vise à garantir que les citoyens, même dans les zones rurales, aient un accès rapide et efficace à la justice. Les tribunaux locaux traitent des litiges civils et pénaux de faible envergure, améliorant ainsi l'efficacité du système judiciaire. Le Sénégal a également pris des mesures pour décentraliser son système judiciaire. Des tribunaux d'instance ont été installés dans des régions éloignées, permettant aux citoyens de ces zones d'avoir un accès plus direct et pratique à la résolution de leurs litiges. Cette démarche contribue à réduire les obstacles géographiques à l'accès à la justice. La Tanzanie a étendu la présence de ses tribunaux d'instance à travers le pays, y compris dans les zones rurales. Cette décentralisation a été conçue pour répondre aux besoins spécifiques des communautés locales et garantir une justice accessible à tous, indépendamment de leur emplacement géographique.

Ces exemples démontrent que la délocalisation des tribunaux d'instance dans les communes est une tendance répandue en Afrique, visant à surmonter les défis géographiques et à assurer une justice plus accessible à l'ensemble de la population. Ces réformes contribuent également à renforcer la confiance des citoyens dans le système judiciaire en le rendant plus proche et plus réactif aux réalités locales.

Intégration de critères expérimentaux dans le recrutement des magistrats

L'Allemagne est connue pour avoir des critères stricts en matière de recrutement des magistrats. Les candidats doivent souvent avoir une expérience pratique significative dans le domaine juridique avant de pouvoir accéder à la magistrature. Cette approche vise à garantir que les magistrats possèdent une compréhension approfondie des réalités pratiques du droit. Aux États-Unis, le processus de nomination des juges fédéraux repose souvent sur l'expérience juridique des candidats. Les nominations sont souvent accordées à des avocats ayant fait leurs preuves dans la pratique du droit, ce qui contribue à assurer une certaine expertise et une compréhension concrète des enjeux juridiques.

En Afrique du Sud, le recrutement des magistrats met souvent l'accent sur l'expérience pratique. Les candidats sont généralement issus du barreau et doivent démontrer une expérience substantielle dans la pratique du droit avant de pouvoir accéder à la magistrature. Cette approche vise à garantir que les magistrats comprennent les réalités du système judiciaire et sont bien équipés pour prendre des décisions éclairées. Au Kenya, le processus de recrutement des magistrats accorde une importance significative à l'expérience professionnelle. Les candidats sont généralement sélectionnés parmi des avocats ayant une expérience notable dans la pratique juridique. Cette orientation vers l'expérience contribue à assurer que les magistrats sont familiarisés avec les défis pratiques auxquels ils peuvent être confrontés dans leur rôle judiciaire. À l'île Maurice, le recrutement des magistrats repose également sur des critères expérimentaux. Les candidats sont souvent choisis parmi des avocats chevronnés qui ont démontré leur expertise dans la pratique juridique. Cette approche contribue à maintenir un niveau élevé de compétence au sein de la magistrature. Aux Seychelles, le recrutement des magistrats privilégie l'expérience pratique et la connaissance approfondie du système juridique. Les candidats sélectionnés ont généralement accumulé une expérience significative en tant qu'avocats ou juristes avant d'accéder à la magistrature. Cela garantit une compréhension approfondie des nuances juridiques locales.

Ces exemples de pays africains et de l'Océan Indien soulignent l'importance de l'intégration de critères expérimentaux dans le recrutement des magistrats. Une telle approche contribue à garantir que les juges possèdent une expertise pratique, une compréhension concrète des réalités juridiques, et sont mieux préparés à aborder les questions complexes qui se présentent devant eux. En valorisant l'expérience, ces pays visent à renforcer la qualité et la crédibilité de leur système judiciaire.

Exigence d'une licence en droit musulman ou en sciences islamiques

Au Maroc, les magistrats peuvent suivre une formation complémentaire en droit musulman afin d'approfondir leur compréhension des aspects juridiques liés à la religion. Cette pratique vise à garantir une application juste et éclairée du droit, en tenant compte des spécificités culturelles et religieuses. La Malaisie, en tant que pays à majorité musulmane, accorde de l'importance à la formation juridique islamique pour ses magistrats. Cette double compétence assure une compréhension complète des dimensions religieuses et culturelles lors de la prise de décisions judiciaires.

En combinant ces approches, notre initiative vise à créer un système judiciaire qui non seulement rapproche la justice des citoyens mais aussi garantit la compétence et l'expérience des magistrats, tout en tenant compte des dimensions religieuses pour répondre aux besoins spécifiques de la population. Cependant, il est essentiel de surveiller et d'évaluer en permanence ces mesures pour s'assurer de leur efficacité et de leur équité.

En ma qualité de futur président de l'Union des Comores, je m'engage résolument à initier des réformes audacieuses visant à fortifier notre système judiciaire et à garantir l'indépendance, l'éthique et l'intégrité de nos magistrats. Dans le cadre de cette entreprise, je veillerai à instaurer un processus d'évaluation morale rigoureuse pour les magistrats. Des commissions indépendantes, spécialement mandatées à cet effet, seront responsables de mener des enquêtes transparentes sur les antécédents familiaux, les relations personnelles et professionnelles, ainsi que l'intégrité morale des candidats à la magistrature.

Un deuxième pilier fondamental de cette réforme consistera en la mise en place d'un examen d'accès à l'école de magistrature indépendant. Ce processus, impliquant des experts juridiques, des éthiciens et des représentants de la société civile, sera conçu selon des critères objectifs et transparents visant à sélectionner les candidats les plus compétents et intègres. Par ailleurs, je m'engage à garantir des avantages économiques équitables pour nos magistrats. Cela inclura la fourniture de logements de fonction ou d'allocations de logement spéciales, des indemnités compétitives, des moyens de transport facilités, une couverture sanitaire complète, et la prise en charge de l'éducation des enfants des magistrats. Ces mesures visent à assurer des conditions de vie décentes pour nos magistrats, reconnaissant ainsi la valeur de leur engagement envers la justice. Des mécanismes de révision indépendants seront instaurés pour garantir que les avantages accordés ne compromettent en aucun cas leur indépendance professionnelle. Cela vise à éliminer tout risque de corruption et à maintenir l'intégrité des magistrats dans l'exercice de leurs fonctions.

En prenant exemple sur des pays modèles tels que l'Allemagne, les États-Unis, la Norvège et Singapour, qui accordent des avantages socio-économiques aux magistrats, mon ambition est de créer un environnement propice à l'éthique et à l'indépendance au sein du système judiciaire des Comores. Ces mesures, je le crois fermement, contribueront à renforcer la confiance du public dans notre système judiciaire et à promouvoir la justice équitable pour tous les citoyens.

Inspirations régionales pour des infrastructures judiciaires optimalisées

En parallèle, des infrastructures modernes pour la Justice seront érigées. Les cours et tribunaux seront dotés de bâtiments modernes, offrant aux magistrats des conditions de travail optimales. Prenant exemple dans la région de l'Océan Indien, plusieurs pays ont investi dans des infrastructures modernes pour leurs systèmes judiciaires, offrant ainsi des conditions de travail optimales aux magistrats et contribuant à une administration de la justice plus efficace. L'Île Maurice est reconnue pour ses infrastructures judiciaires modernes. Le bâtiment du palais de justice à Port-Louis, par exemple, est un exemple d'architecture remarquable. Les installations sont conçues pour répondre aux besoins pratiques des magistrats et contribuer à l'efficacité du système judiciaire.

Les Seychelles ont également investi dans des infrastructures judiciaires modernes. Le Palais de Justice de Victoria est un exemple de bâtiment qui allie fonctionnalité et esthétique. Ces installations fournissent un environnement propice à une administration de la justice équitable et respectueuse des droits fondamentaux. Aux Maldives, des efforts ont été déployés pour moderniser les infrastructures judiciaires. Le palais de justice à Malé, la capitale, est un exemple de bâtiment moderne qui reflète l'engagement envers une justice efficace et accessible. Bien que La Réunion ne soit pas un État indépendant, elle fait partie de la région de l'Océan Indien et mérite d'être mentionnée. Le Palais de Justice de Saint-Denis offre des installations modernes, illustrant l'importance accordée à des conditions de travail adéquates pour les magistrats. Ces infrastructures contribuent à une administration de la justice efficiente et respectueuse des droits fondamentaux.

En conclusion, les Comores méritent également de disposer d'infrastructures judiciaires de qualité pour leurs magistrats. En investissant dans des bâtiments modernes et fonctionnels, les Comores peuvent non seulement améliorer les conditions de travail des magistrats mais aussi renforcer la confiance du public dans le système judiciaire. Cette réforme ambitieuse représente un pas significatif vers l'établissement d'un système judiciaire comorien qui reflète les valeurs locales, tout en assurant l'équité, l'indépendance et l'efficacité. La construction d'infrastructures magnifiques pour la justice est un investissement essentiel pour l'avenir du pays et le bien-être de sa population. Cette réforme ambitieuse vise à établir un système judiciaire aux Comores qui soit à la hauteur des attentes de la population, garantissant l'équité, l'indépendance, et l'efficacité. Elle ouvre la voie vers une justice imprégnée de valeurs comoriennes, accessible à tous et fondée sur des principes irréprochables.

IX- Vers une gouvernance responsable : priorités législatives pour les Comores

Le rôle du président de la République est indéniablement central dans la gouvernance d'un pays. Il est le leader, le coordinateur de l'action gouvernementale, chargé de fixer les objectifs à atteindre tout en restant vigilant, impartial et animé par le souci de répondre aux aspirations de la majorité de la population. Cependant, dans le contexte des Comores en tant que nation que nous voulons démocratique, il est impératif de respecter la séparation des pouvoirs pour assurer un développement harmonieux. Une justice indépendante, un parlement autonome et la liberté d'expression non entravée sont des principes cardinaux qui doivent être préservés.

Lutte contre les méfaits de l'alcool : une priorité législative pour un avenir sain aux Comores

Malgré cette indépendance des pouvoirs, le président de la République, en tant qu'exécutif, a le devoir de proposer et de faire passer des lois pour gouverner efficacement. Parmi les lois prioritaires envisagées, la première concerne l'interdiction de l'importation des boissons alcoolisées aux Comores. Cette mesure vise à lutter contre les méfaits de l'alcool, considéré comme un fléau contribuant à la délinquance et à la criminalité. Pour concilier cette interdiction avec la diversité religieuse des Comores, des dispositions seront prises pour autoriser l'importation limitée d'alcool réservée aux étrangers et aux non-musulmans, avec une vente et une consommation strictement confinée à des zones spécifiques.

L'inversion de la charge de la preuve dans la protection des biens publics aux Comores

Une autre loi cruciale envisagée est celle criminalisant le détournement des biens de l'État et des deniers publics. Cette loi visera à traiter les auteurs de détournements de fonds publics au même titre que des criminels. La protection du patrimoine public sera une priorité, considérant la domanialité publique comme inaliénable et imprescriptible. La traque sans merci des délinquants financiers et des individus ayant illégalement accaparé les biens de l'État sera un pilier essentiel de cette législation. La mise en place d'une loi criminalisant le détournement des biens de l'État et des deniers publics reflète une volonté ferme de protéger le patrimoine public aux Comores. Cette mesure s'inscrit dans une tendance observée dans plusieurs nations qui ont adopté des lois robustes pour sauvegarder la domanialité publique et les finances de l'État. Un exemple notable est celui de la *« loi sur l'inversion de la charge de la preuve. »* Dans certains pays, cette loi confère à l'État le droit de demander à une personne de justifier la source de ses biens ou des biens dont elle jouit. C'est une démarche législative puissante qui met la charge de la preuve sur l'individu, obligeant ainsi celui-ci à démontrer légalement l'origine licite de ses possessions. Cette disposition juridique vise à renforcer la transparence et à dissuader toute pratique de détournement ou d'enrichissement illicite.

Un exemple concret est celui de la France, qui a intégré cette approche dans sa législation anti-corruption. La France a instauré l'inversion de la charge de la preuve dans le cadre de la lutte contre le blanchiment d'argent et la corruption, permettant ainsi à l'État de demander des explications sur l'origine des biens d'une personne suspectée de détenir des avoirs d'origine douteuse incitant ainsi à une plus grande transparence et responsabilité dans la gestion des patrimoines.

De manière similaire, d'autres nations, comme le Brésil, ont mis en place des lois strictes pour protéger la domanialité publique. Ces législations prévoient des peines sévères pour ceux qui s'adonnent au détournement de fonds publics ou à l'usurpation des biens de l'État. L'utilisation de l'inversion de la charge de la preuve dans ces contextes renforce la capacité des autorités à poursuivre et à condamner les auteurs de tels délits.

Ainsi, la proposition d'intégrer une disposition permettant à l'État de demander des justifications sur l'origine des biens s'inspire de pratiques juridiques éprouvées dans d'autres nations. Elle vise à ériger un rempart robuste contre les délinquants financiers et à assurer une gestion responsable et transparente des biens publics aux Comores. La traque sans merci des individus impliqués dans des détournements de fonds contribuera à renforcer l'intégrité de la gestion publique et à protéger les intérêts de la nation.

De manière similaire, les Comores pourraient tirer parti de cette disposition juridique pour protéger leur domanialité publique et prévenir les détournements de fonds. Inspirée par des pratiques législatives efficaces observées dans d'autres nations, l'introduction de l'inversion de la charge de la preuve serait un outil puissant pour renforcer la transparence et l'intégrité dans la gestion des biens de l'État. Dans des pays comme le Nigeria, par exemple, la législation sur l'inversion de la charge de la preuve a été utilisée avec succès pour lutter contre la corruption et le détournement de fonds. Les responsables publics peuvent être appelés à justifier l'origine licite de leurs biens, mettant ainsi en lumière tout enrichissement illégitime. Cette approche a contribué à dissuader les actes de corruption en créant une responsabilité accrue et en renforçant les mécanismes de reddition de comptes.

De plus, les Comores pourraient s'inspirer du modèle singapourien, où l'inversion de la charge de la preuve est utilisée dans la lutte contre la criminalité financière. Cette approche a permis à Singapour de maintenir un niveau élevé d'intégrité dans la gestion des finances publiques et d'instaurer une culture de responsabilité au sein de l'appareil gouvernemental. En adoptant une législation similaire, les Comores pourraient envoyer un signal fort indiquant leur détermination à lutter contre la corruption et à protéger les intérêts de la nation. La mise en œuvre de l'inversion de la charge de la preuve nécessiterait une collaboration étroite entre le pouvoir judiciaire, les organismes de contrôle et les institutions gouvernementales pour garantir une application équitable et transparente de cette mesure. Ainsi, en s'appuyant sur des exemples réussis d'autres nations qui ont adopté cette disposition juridique, les Comores pourraient instaurer un cadre légal solide, dissuasif et efficace pour protéger leur patrimoine public contre les pratiques préjudiciables et veiller à une gestion responsable et éthique des biens de l'État.

Lutte contre les abus sexuels envers les jeunes filles aux Comores

Une autre loi qui tient particulièrement à cœur concerne la protection des jeunes filles contre les abus sexuels. Cette loi propose une approche rigoureuse en imposant des peines en fonction de l'âge de la victime, assurant ainsi une justice adaptée et proportionnée. La volonté de l'État comorien de protéger sa population, en particulier les plus vulnérables, se reflète dans ces mesures juridiques strictes et dans la mise en place de mécanismes juridiques forts.

La proposition de la troisième loi, axée sur la protection des jeunes filles contre les abus sexuels, illustre un engagement fort en faveur de la sécurité et du bien-être des citoyennes comoriennes, en particulier des plus vulnérables. Inspirée par des législations similaires mises en place dans d'autres pays, cette loi vise à établir des mécanismes juridiques robustes pour prévenir les abus sexuels et promouvoir le respect des droits fondamentaux des jeunes filles.

Un exemple frappant est la Suède, qui a adopté des lois strictes pour protéger les mineurs contre les abus sexuels. Ces lois prévoient des peines sévères en fonction de l'âge de la victime, garantissant ainsi une justice adaptée et proportionnée. La Suède a mis l'accent sur la nécessité d'une approche différenciée en fonction de l'âge, reconnaissant la vulnérabilité accrue des jeunes filles et la nécessité de protéger leur intégrité physique et mentale. La Norvège, quant à elle, a élaboré des lois visant à assurer une protection complète des mineurs contre les abus sexuels. Ces lois prévoient des sanctions sévères pour dissuader les auteurs de tels actes et pour garantir une justice équitable pour les victimes. La Norvège a également mis en place des programmes éducatifs visant à sensibiliser la population aux questions liées aux abus sexuels, contribuant ainsi à créer une culture de respect et de protection des droits des jeunes filles.

En s'inspirant de ces modèles, la loi proposée aux Comores va au-delà de la simple répression des abus sexuels. Elle vise également à créer un environnement propice à l'épanouissement des jeunes filles en garantissant leur sécurité physique et psychologique. En instaurant une culture de respect dès leur plus jeune âge, cette loi contribuera à la formation d'une société plus éthique et responsable. En conclusion, la mise en place de cette loi renforce la protection des jeunes filles comoriennes, tout en tirant des enseignements précieux des meilleures pratiques observées à l'échelle internationale en matière de législation pour la protection des mineurs et des droits des femmes.

Suppression de l'armée aux Comores et renforcement des forces de maintien de l'ordre

La loi consistant en la suppression de l'armée comorienne et de réorienter les ressources vers une réforme des institutions de maintien de l'ordre et de la sécurité s'inscrit dans une vision pragmatique et économiquement viable. Les Comores, en l'absence de frontières terrestres partagées avec d'autres nations, peuvent tirer des leçons d'États insulaires qui ont adopté une approche similaire, axée principalement sur une force de maintien de l'ordre bien formée.

Un exemple pertinent est celui de l'Islande, qui n'entretient pas d'armée, mais compte sur une force de police bien équipée pour assurer la sécurité intérieure. En suivant ce modèle, les Comores pourraient rediriger les ressources financières et humaines consacrées à l'armée vers le renforcement de la gendarmerie nationale et de la police. Les membres les plus dynamiques et compétents de l'armée pourraient être intégrés à ces forces de maintien de l'ordre, formant ainsi des unités d'élite dédiées à la sécurité nationale. Cette force, bien équipée et formée, serait mieux adaptée pour faire face aux défis spécifiques de la sécurité intérieure des Comores. La démocratisation de l'espace public, permettant aux citoyens d'exprimer librement leurs opinions sans autorisation préalable, est une mesure alignée sur les principes démocratiques.

La réaffectation du budget de la défense vers l'éducation et la formation professionnelle témoigne d'une vision axée sur le développement humain. En investissant dans l'éducation, les Comores pourraient renforcer les compétences de leur population, favoriser l'emploi et stimuler la croissance économique. Cette approche s'aligne sur les besoins réels du pays et garantit une utilisation efficiente des ressources publiques.

Instauration d'une taxe immobilière pour financer le développement aux Comores

La proposition de loi sur la taxation des biens immobiliers représente une mesure cruciale pour renforcer les finances de l'État et encourager la participation de chaque citoyen à la construction du pays. Les Comores, en étant l'un des rares pays au monde où les maisons et terrains des particuliers ne sont pas soumis à des taxes, ont l'opportunité d'instaurer une nouvelle politique fiscale qui favorise la contribution collective. Lors de mon mandat en tant que président, je prévois d'instituer une taxe sur le patrimoine bâti et non bâti à travers une loi dédiée. Cette taxe s'appliquera à toutes les propriétés, qu'elles soient bâties ou non. 50 % des revenus générés par ces taxes seront alloués aux caisses des communes pour soutenir le développement local, et les 50 % restants iront directement au trésor public pour financer des projets d'envergure nationale.

Concrètement, chaque propriétaire d'une maison sur le sol comorien, ainsi que les détenteurs de terrains, qu'ils soient utilisés à des fins agricoles, destinés à la construction, ou non cultivés, seront assujettis à cette taxe. Cette taxe sera fixée par le parlement et sera payable mensuellement. L'objectif principal de cette législation est d'instaurer une culture de participation à l'effort collectif, encourageant ainsi une contribution équitable de tous les citoyens au développement du pays.

Plusieurs pays de l'Océan Indien ont déjà mis en œuvre avec succès des lois similaires de taxation des biens immobiliers. Maurice, par exemple, a instauré une taxe foncière qui contribue significativement aux finances publiques. Cette mesure a prouvé être un moyen efficace de mobiliser des ressources pour le bien-être général et le développement du pays. En nous inspirant de ces modèles, les Comores pourraient créer une taxe immobilière qui répond à leurs besoins spécifiques tout en encourageant une participation active de la population à la croissance économique et au progrès social.

Renforcer l'identité nationale et l'engagement citoyen

La proposition de loi visant à restreindre l'obtention du passeport comorien jusqu'à l'âge de 18 ans, conditionné par l'accomplissement du service militaire et des obligations culturelles et nationalistes, illustre un engagement fort en faveur de la préservation de l'identité nationale et de l'amour de la patrie. Des pays tels que le Rwanda ont mis en œuvre des mesures similaires visant à renforcer le sentiment d'appartenance nationale et à encourager les citoyens à contribuer au développement de leur pays d'origine. Au Rwanda, après la fin de la guerre civile en 1994, le gouvernement a mis en place des politiques visant à promouvoir l'unité nationale et à transcender les clivages ethniques. L'une de ces politiques consiste en un programme de service national obligatoire pour les jeunes, appelé « *Umuganda* ». Ce service national vise à cultiver le patriotisme, la solidarité et le sens du devoir envers la nation. Les résultats ont été significatifs, contribuant à la reconstruction du tissu social et à la promotion d'une identité rwandaise forte.

En alignant les Comores sur des pratiques similaires, la proposition de loi souligne l'importance de l'éducation civique et du nationalisme. En exigeant la participation au service militaire, la loi vise à inculquer des valeurs de discipline, de responsabilité et de dévouement envers la nation. De plus, l'obligation pour chaque enfant comorien de revenir tous les cinq ans dans son pays d'origine pour se familiariser avec la langue, la culture et les valeurs nationales rappelle des initiatives similaires visant à renforcer l'identité nationale. Les parents qui enfreindraient cette loi seront soumis à des amendes lourdes, soulignant l'importance accordée à la préservation des valeurs nationales. Cependant, des exceptions sont prévues en cas de maladie grave nécessitant une intervention médicale à l'étranger, démontrant ainsi une approche pragmatique et humaine. En conclusion, en tirant des leçons des expériences réussies d'autres pays, les Comores peuvent envisager ces mesures comme une stratégie pour promouvoir l'amour de la patrie, renforcer l'unité nationale et encourager les citoyens à contribuer activement au développement de leur nation.

Vers une démocratie encadrée : limiter les partis politiques pour renforcer la culture républicaine

La proposition de loi visant à limiter le nombre de partis politiques aux Comores à trois, sur une période de dix ans, reflète une volonté de consolider le chemin démocratique dans un contexte marqué par des défis autoritaires. En tirant des leçons de pays ayant instauré des limitations similaires, cette mesure vise à crédibiliser le paysage politique en encourageant la formation de partis solides et en favorisant l'apprentissage des mécanismes démocratiques. Inspirée par des nations telles que les États-Unis, où la diversité politique coexiste avec des systèmes robustes, la loi entend instaurer une culture républicaine où l'identification partisane ne se limite pas à des affiliations familiales, communales ou insulaires. L'objectif est d'encourager les Comoriens à s'engager pleinement dans le jeu démocratique, à évoluer au sein d'un parti politique et à comprendre les dynamiques de la compétition politique.

La loi sera claire dans sa prescription, incitant ceux qui aspirent à diriger ou à participer activement à la vie politique du pays à rejoindre un parti politique. Cette adhésion permettra aux individus d'apprendre à naviguer au sein d'une famille politique, de comprendre les processus de sélection des candidats et de contribuer à la formation d'une culture politique démocratique. En examinant d'autres exemples dans le monde, des pays comme Singapour ont également adopté des politiques de limitation des partis politiques pour garantir la stabilité et la cohésion nationale. Ces mesures ont souvent été mises en œuvre dans des contextes où la consolidation démocratique nécessitait un encadrement strict pour éviter les dérives autoritaires. Ainsi, la limitation des partis politiques aux Comores, inspirée par des pratiques internationales, vise à poser les fondements d'une démocratie solide et responsable. En limitant temporairement le nombre de partis, cette mesure offre une opportunité d'instaurer des pratiques politiques plus transparentes et de favoriser l'éducation civique, tout en encourageant une compétition politique saine et équilibrée.

Ces lois proposées démontrent l'engagement du président à adresser des problématiques cruciales dans les domaines social, culturel et juridique. Elles reflètent une vision de gouvernance axée sur la protection des droits fondamentaux, la préservation des valeurs culturelles et la construction d'une société plus équitable. Ces instruments juridiques constituent la pierre angulaire de l'action gouvernementale, visant à établir un cadre légal solide et à répondre aux défis spécifiques auxquels la nation comorienne est confrontée.

Réforme électorale pour renforcer la démocratie aux Comores

En vue de promouvoir la transparence, l'équité, et la crédibilité des processus électoraux aux Comores, une série de réformes majeures seront mises en place sous mon mandat en tant que Président de l'Union des Comores. Ces réformes visent à garantir un processus électoral véritablement indépendant, éliminant toute entrave ou influence gouvernementale. Sous ma présidence, les Comores s'engagent résolument à instaurer une culture de transparence, de compétitivité, et de reconnaissance des mérites dans le domaine électoral. Les réformes électorales proposées visent à ériger des fondements solides pour des élections libres, équitables et représentatives.

Dans cette optique, l'indépendance de l'organe électoral, représenté par la Commission électorale nationale indépendante (CENI), sera soigneusement structurée. Afin d'éviter toute influence gouvernementale, les membres de la CENI seront sélectionnés sur la base d'une intégrité morale irréprochable, d'une rigueur dans le traitement de l'information, de compétences avérées et d'une impartialité reconnue de tous.

Par ailleurs, la Commission électorale et la Cour Constitutionnelle ne seront pas nommées par le Président de la République. Au contraire, elles seront composées principalement de membres issus de la société civile, tels que d'anciens journalistes compétents et impartiaux, des universitaires chevronnés, des avocats rigoureux, et des artistes reconnus. Cette diversité garantira une représentation équilibrée et une expertise variée au sein de ces institutions cruciales.

Pour renforcer davantage la transparence, la CENI disposera d'une entière indépendance pour élire son bureau. Ce processus démocratique garantira que les membres de la commission sont choisis en toute transparence, sans ingérence externe, assurant ainsi la crédibilité du processus électoral. Ces réformes s'inspirent des efforts des Seychelles en matière de renforcement de la démocratie. Tout comme les Seychelles, nous aspirons à des élections où la compétitivité coexiste avec la reconnaissance des mérites, où la grandeur se manifeste dans la reconnaissance des défaites et l'appréciation des victoires des autres.

En mettant en œuvre ces réformes électorales, nous aspirons à façonner un avenir démocratique aux Comores, où chaque citoyen peut avoir confiance en la justesse du processus électoral. Ces changements sont le reflet de notre engagement envers la démocratie, la transparence, et le respect des principes fondamentaux qui sous-tendent une société juste et équitable.

Pour une vision inclusive : engager la diaspora dans l'avenir des Comores

La diaspora comorienne, constituée de citoyens vivant à l'étranger, occupe une place primordiale dans la vision politique que je souhaite instaurer pour l'avenir des Comores. En tant que futur Président de l'Union des Comores, je m'engage résolument à garantir la pleine participation des membres de la diaspora aux processus électoraux de leur pays d'origine. Pour concrétiser cette volonté, toutes les dispositions législatives et règlementaires nécessaires seront mises en place pour permettre aux Comoriens résidant à l'étranger de prendre part aux différentes élections, éliminant ainsi toute obligation de résidence d'un an dans le pays pour exercer ce droit fondamental.

La loi relative au vote de la diaspora sera rigoureusement rendue effective, mettant ainsi fin à toute forme de discrimination qui aurait pu exclure injustement les Comoriens de l'étranger du processus politique national. Il est impératif de briser ces barrières inacceptables qui ont limité la pleine participation de la diaspora aux affaires politiques du pays. Tous les obstacles douaniers et fiscaux entravant le droit des Comoriens de l'étranger d'exporter des biens vers leur pays d'origine seront levés, favorisant ainsi la libre circulation des biens et encourageant l'investissement depuis l'extérieur.

En parallèle, une politique incitative sera développée pour encourager les Comoriens de la diaspora à investir dans leur pays d'origine. Reconnaissant la valeur des compétences acquises à l'étranger, je m'engage à favoriser le retour des enfants comoriens diplômés, qu'ils soient ingénieurs, médecins, architectes, ou artistes. Les Comores ont besoin de leur expertise pour contribuer au développement social, économique et culturel du pays.

En mettant fin à la pratique consistant à chasser les artistes comoriens de leur propre pays, nous encourageons au contraire le retour des talents. Artistes, écrivains, peintres, chanteurs comoriens seront vivement encouragés à participer activement au progrès culturel des Comores. Cela ne se limite pas seulement à la création d'un environnement propice à la créativité, mais aussi à la reconnaissance et à la célébration de la richesse culturelle que la diaspora peut apporter au patrimoine comorien. Ma vision politique pour les Comores repose sur l'élimination des obstacles entravant la pleine participation de la diaspora aux affaires politiques, économiques et culturelles du pays, favorisant ainsi un avenir inclusif et prospère pour tous les Comoriens, où qu'ils se trouvent dans le monde.

Promouvoir la santé maternelle et encourager la croissance démographique aux Comores

La proposition de loi visant à instaurer la gratuité des soins médicaux pour les femmes enceintes aux Comores, inspirée des politiques réussies des pays nordiques tels que la Suède, la Norvège et la Finlande, ainsi que du modèle rwandais, représente une initiative majeure pour promouvoir la santé maternelle et stimuler la croissance démographique, un moteur essentiel du dynamisme économique. Le système de santé suédois, entièrement public, garantit des soins gratuits aux femmes enceintes, indépendamment de leur citoyenneté. En adoptant une approche similaire, les Comores pourraient offrir des consultations prénatales, l'accouchement et les soins postnatals sans frais pour les bénéficiaires. Le modèle norvégien, qui couvre l'ensemble du processus de la grossesse aux soins postnatals, reflète l'engagement envers la santé maternelle. Les Comores pourraient bénéficier d'une stratégie similaire pour améliorer l'accès aux soins pour les femmes enceintes.

Le système de santé finlandais, garantissant des soins prénataux gratuits et prenant en charge les coûts liés à l'accouchement et aux soins postnatals, offre une protection complète aux femmes enceintes. Une telle approche aux Comores encouragerait la prévention des risques liés à la grossesse. Le Rwanda a réussi à améliorer l'accès aux soins maternels en offrant des consultations prénatales gratuites, en encourageant l'accouchement assisté et en fournissant des soins postnatals. Les Comores pourraient s'inspirer de cette réussite africaine pour renforcer les soins maternels. Encourager la fécondité à travers la gratuité des soins maternels contribuera à une croissance démographique, favorisant une main-d'œuvre abondante et stimulant les activités économiques. En supprimant les coûts associés aux soins médicaux pour les femmes enceintes, la proposition de loi allège le fardeau financier des jeunes couples, les encourageant ainsi à envisager une famille plus nombreuse. En garantissant l'accès aux soins maternels de qualité, la proposition vise à réduire les risques liés à la grossesse, contribuant ainsi à l'amélioration de la santé maternelle dans le pays.

En conclusion, en s'inspirant des modèles nordiques et du Rwanda, les Comores peuvent concevoir et mettre en œuvre une loi offrant des soins médicaux gratuits aux femmes enceintes, favorisant ainsi la santé maternelle et contribuant à la prospérité socio-économique du pays.

Instauration d'un système de retraite universel aux Comores : Garantir l'avenir de tous les travailleurs

En tant que Président de l'Union des Comores, ma priorité est d'instaurer un système de retraite équitable et universel, assurant à chaque travailleur, qu'il soit du secteur public ou privé, une pension de retraite digne. Actuellement, seuls les fonctionnaires et quelques agents des entreprises publiques bénéficient de ce régime, laissant de nombreux travailleurs sans couverture retraite, notamment ceux des professions indépendantes, des services domestiques, et des secteurs informels. La loi que je m'engage à faire voter vise à établir l'obligation de cotisation pour tous les travailleurs, quel que soit leur secteur d'activité. Ainsi, les chauffeurs de taxi, les travailleurs indépendants, les employés du secteur privé, les pêcheurs, et d'autres catégories professionnelles contribueront à un fonds de retraite global. Cette cotisation sera liée à la personne, indépendamment de son emploi, garantissant la continuité des versements même en cas de changement d'activité.

Cette initiative s'inspire des meilleures pratiques observées dans d'autres pays de l'océan Indien et africains qui ont mis en place des systèmes de retraite efficaces. À l'île Maurice, par exemple, un régime de retraite universel assure une couverture étendue, et les travailleurs indépendants cotisent de manière régulière. À La Réunion, les dispositifs de retraite englobent tous les travailleurs, assurant une sécurité financière après la cessation d'activité.

Le mécanisme de mise en place de ce système repose sur plusieurs étapes clés

Le gouvernement élaborera et promulguera une loi rendant obligatoire la participation de tous les travailleurs au système de retraite. Cette loi spécifiera les taux de cotisation, les catégories de travailleurs concernées, et les modalités de paiement. La loi précisera quelles catégories de travailleurs sont assujetties à la cotisation obligatoire, englobant les employés du secteur public, du secteur privé, les travailleurs indépendants, et d'autres groupes professionnels. Les taux de cotisation seront déterminés en fonction des revenus des travailleurs. Les travailleurs cotiseront un pourcentage fixe de leur salaire ou un montant spécifique déterminé par tranches de revenus. Les employeurs seront responsables de retenir les cotisations sur les salaires de leurs employés et de les verser au fonds de retraite. Pour les travailleurs indépendants, des mécanismes seront mis en place pour qu'ils versent leurs cotisations directement. Les cotisations collectées seront gérées par un organisme dédié, la caisse de retraite ou une nouvelle institution gouvernementale. Ces fonds seront investis de manière à assurer la croissance et la stabilité du régime de retraite.

Des organismes de régulation et de supervision seront établis pour surveiller la conformité des employeurs et des travailleurs à la législation sur les retraites. Des sanctions seront imposées en cas de non-conformité. Les travailleurs seront informés de leurs obligations de cotisation, des avantages du régime de retraite, et des conséquences de la non-cotisation. Des campagnes de sensibilisation seront menées pour expliquer le fonctionnement du système. La législation et les taux de cotisation seront révisés périodiquement pour s'adapter aux changements économiques, démographiques et sociaux.

En intégrant ces expériences réussies, la loi comorienne visera également à permettre au gouvernement de suivre l'évolution des carrières des travailleurs, de garantir des rémunérations équitables et de renflouer les caisses de l'État pour financer des projets de développement. Cette approche contribuera à créer un système de retraite durable, offrant une protection sociale étendue à l'ensemble de la population active comorienne. L'instauration d'un système de retraite universel aux Comores s'inscrit dans une vision inclusive de l'avenir, garantissant une vie décente à tous les travailleurs, quel que soient leur domaine professionnel et leur statut d'emploi.

Transports publics : gratuité pour les retraités, tarifs réduits pour les élèves

La gratuité des transports publics pour les retraités et les tarifs réduits pour les élèves sont des mesures adoptées avec succès à travers le monde, offrant des avantages sociaux significatifs. À Dakar, au Sénégal, les personnes âgées de 60 ans et plus bénéficient déjà de la gratuité des transports en commun, tandis que dans certaines villes marocaines comme Rabat, cette politique s'étend également aux élèves.

En Europe, la France, avec des exemples concrets à Paris, a mis en place la gratuité des transports publics pour les personnes âgées, généralement à partir de 65 ans, ainsi que des tarifs réduits pour les élèves. Le Luxembourg, depuis 2020, a franchi une étape supplémentaire en instaurant la gratuité totale des transports publics pour tous, incluant élèves et retraités. Dans l'Océan Indien, l'Île Maurice accorde déjà la gratuité des transports publics aux personnes âgées de 60 ans et plus, avec des tarifs réduits pour les élèves. La Réunion propose également des tarifs réduits pour les personnes âgées et les élèves, contribuant ainsi à la mobilité inclusive.

En tant que futur Président de l'Union des Comores, je m'engage à mettre en place une loi instaurant la gratuité des transports publics pour les retraités et des tarifs considérablement réduits pour les élèves. Inspiré par les meilleures pratiques observées à l'échelle internationale, cette mesure vise à faciliter la mobilité des personnes âgées et à alléger le fardeau financier des familles en matière de déplacement scolaire. Cette initiative sera rendue possible grâce à la création d'une société de transport terrestre public, garantissant une mise en œuvre efficace de cette politique. À l'instar des exemples positifs du Sénégal, du Maroc, de la France, du Luxembourg, de l'Île Maurice, et de la Réunion, les Comores peuvent suivre cette voie pour favoriser l'inclusion sociale, la mobilité intergénérationnelle, et l'accès équitable aux opportunités. La gratuité des transports publics pour les retraités et les tarifs réduits pour les élèves seront les piliers d'une politique de transport progressiste, contribuant à l'amélioration de la qualité de vie des citoyens comoriens. Par cette démarche, nous aspirons à créer une société plus solidaire, favorisant la participation active des aînés et le développement éducatif des jeunes générations.

Loi sur la régulation de la vente des terres aux Comores

La question de la vente des terres aux Comores requiert une réforme foncière substantielle pour remédier aux injustices historiques et instaurer un accès équitable à la terre. Dans cette perspective, je m'engage à mettre en place une loi rigoureuse visant à encadrer les transactions foncières et à protéger les droits des communautés locales. Cette réforme, essentielle pour restaurer l'équité dans l'accès à la terre, exigera le respect de certaines conditions fondamentales. Tout d'abord, toute vente de terre devra être effectuée par un propriétaire foncier légitime, garantissant ainsi la transparence et la légalité des transactions. De plus, chaque transaction foncière devra être dûment enregistrée au bureau compétent chargé des titres de propriété, créant ainsi une base de données fiable et accessible. Afin d'assurer un processus de vente plus ordonné, la loi imposera que les transactions foncières se fassent par le biais d'agences immobilières reconnues. Cette mesure vise à professionnaliser le secteur immobilier, offrant ainsi une garantie supplémentaire aux acheteurs potentiels.

Face à la prolifération anarchique des prix des terres, la loi fixera des limites tarifaires afin de prévenir toute spéculation immobilière préjudiciable aux acheteurs. Ces limites seront stratifiées en fonction des zones géographiques, distinguant les prix des terres en zones urbaines de ceux en zones rurales. Cette approche pragmatique vise à tenir compte des disparités régionales tout en instaurant un équilibre équitable. Par ailleurs, la loi intégrera une considération particulière pour les terres relevant de la coutume locale et appartenant aux communautés rurales ou aux familles. Cette démarche respectera les spécificités culturelles et sociales, préservant ainsi les droits fonciers traditionnels tout en établissant un cadre légal moderne.

En définitive, cette loi sur la régulation de la vente des terres aux Comores aspire à remodeler en profondeur la pratique d'acquisition de patrimoine immobilier non bâti. Elle se veut être un pilier fondamental pour un développement foncier durable, équitable et transparent aux Comores.

Loi littorale pour un développement durable aux Comores

L'instauration d'une loi littorale s'avère impérative pour encadrer l'extension de l'urbanisation en continuité des agglomérations et villages existants aux Comores. En tant que futur Président, je m'engage résolument à mettre en place cette loi afin de régulariser les occupations sans titre dans la bande des 50 pas, tout en garantissant un développement urbain équilibré. L'agence nationale de construction immobilière sera le bras opérationnel de l'État pour la régularisation des occupations sans titre. Sa mission première consistera à établir des programmes d'équipement pour les zones concernées. Ces programmes permettront de définir les limites des terrains destinés à la vente aux occupants, contribuant ainsi à l'organisation cohérente et équitable de l'espace urbain.

Le foncier aux Comores, longtemps régi par des règles coutumières sans nécessité d'établir d'actes notariés, nécessite une modernisation urgente. En réponse à cette exigence, une loi littorale complète sera élaborée pour encadrer l'urbanisation côtière. Cette loi respectera les grands principes de continuité de l'urbanisation, la protection des espaces non urbanisés, la préservation des espaces naturels remarquables, et la garantie d'un accès libre au rivage.

Cette initiative législative revêt une importance cruciale dans divers aspects de la vie aux Comores. En matière de politique d'habitation, elle favorisera un développement ordonné et durable des zones côtières. Pour le secteur du tourisme, elle constituera un levier essentiel en régulant les constructions afin de préserver l'attrait naturel du littoral. Enfin, la loi littorale contribuera significativement à la préservation de la biodiversité en protégeant les écosystèmes côtiers fragiles.

La nouvelle loi littorale reprendra des éléments de la législation coloniale française sur les 50 pas géométriques aux Comores, mais sera réorganisée pour répondre aux besoins actuels. Cette loi réserve une zone de 81,20 mètres de large depuis le littoral, appartenant à l'État, et interdit toute construction dans cette zone. En ma qualité de Président élu, je veillerai personnellement à ce que cette loi soit votée et que l'agence nationale de construction immobilière assure sa mise en œuvre et son suivi rigoureux. Ainsi, nous poserons les bases d'un développement durable, respectueux de l'environnement et équitable pour tous les citoyens comoriens.

Loi sur la renaissance urbaine : Bâtir un avenir nouveau pour Moroni et les Comores

La nécessité d'une transformation profonde de la ville de Moroni, capitale des Comores, est une préoccupation partagée par tous. Les caractéristiques actuelles de la ville, marquées par l'exiguïté, l'insalubrité, des habitations archaïques et des problèmes de circulation, appellent à une intervention audacieuse et sérieuse. Il est temps d'engager un chantier de grande envergure pour redéfinir l'aspect de la capitale et lui donner un caractère plus moderne et fonctionnel. Face à cette impérative nécessité, l'initiative de mettre en place une loi spéciale dédiée à la ville de Moroni s'avère incontournable. Une loi qui, une fois votée à l'Assemblée Nationale, permettra d'autoriser la démolition ou la reconstruction de Moroni, tout en ouvrant la voie à la construction d'une nouvelle capitale administrative pour les Comores. Moroni, quant à elle, pourrait être repensée pour jouer un rôle primordial en tant que capitale économique du pays. Dans le cadre de cette vision audacieuse, il est proposé de créer une nouvelle ville entre Vanamboini et Domoimpvani, dans la région de Mboude. L'aéroport international Prince Saïd Ibrahim pourrait devenir un pôle stratégique en accueillant des bâtiments administratifs majeurs tels que la présidence de la République, le ministère des affaires étrangères, de nouvelles agences gouvernementales et des ambassades.

Parallèlement, la nouvelle ville de Hahaya serait créée pour relocaliser toutes les personnes qui perdraient leurs terres en raison de la reconstruction des nouvelles routes de Moroni. Une autoroute moderne relierait les deux villes, favorisant la connectivité et la mobilité.

Au cœur de ce projet de transformation, la vallée d'Oichili-Itsundzu serait intégrée avec la construction d'une autoroute reliant la vallée à la nouvelle ville de Hahaya. À Itsundzu, un symbole fort émergerait avec la création d'une nouvelle Université des Comores. Une institution d'enseignement supérieur de renom, qui attirerait des esprits brillants et contribuerait au développement scientifique du pays. Des dortoirs seraient mis en place, offrant un environnement propice à l'éducation et à l'épanouissement des étudiants comoriens.

Il est important de souligner que cette initiative respecterait les normes internationales et environnementales, garantissant une planification urbaine durable. Les détails liés à la démolition et à la reconstruction de Moroni devraient être clairement définis dans la loi, prévoyant une indemnisation équitable pour tous ceux qui seraient touchés par cette transformation au nom de l'intérêt général.

La création de cette nouvelle capitale administrative est une entreprise complexe qui exige une planification soigneuse, des ressources adéquates et une gestion efficace. Voici les mécanismes et les étapes générales à suivre pour la réalisation de ce projet d'envergure : Pour commencer, une étude de faisabilité approfondie doit être menée pour évaluer l'état actuel de la capitale existante, Moroni. Cette évaluation permettra d'identifier les lacunes en termes d'infrastructures, d'urbanisme et de services, et de déterminer les besoins actuels et futurs pour une capitale moderne et fonctionnelle. La sélection du site de Hahaya nécessite une analyse détaillée des sites potentiels, en tenant compte de facteurs tels que l'accessibilité, la géographie et l'espace disponible. La consultation publique est essentielle pour recueillir les opinions de la population locale sur les sites envisagés.

Sur le plan législatif, il sera crucial d'élaborer des lois spécifiques ou de modifier la législation existante pour permettre la création de cette nouvelle capitale. De plus, la mise en place de réglementations urbaines et environnementales guidera le développement de manière durable. La planification urbaine doit inclure la conception d'un plan directeur détaillé pour la nouvelle capitale, en collaboration avec des urbanistes, des architectes et d'autres experts. Il s'agit de créer des zones résidentielles, des infrastructures publiques, des espaces verts, etc. La construction des infrastructures, notamment des routes, des systèmes de transport public, de l'énergie et des services publics, est une étape cruciale pour assurer la mobilité et la qualité de vie dans la nouvelle capitale.

La question de la relocalisation et de l'indemnisation doit être abordée avec un plan détaillé pour les personnes et les entreprises affectées par le projet. Une indemnisation équitable doit être garantie pour les propriétaires fonciers et les résidents concernés. La construction des institutions gouvernementales, y compris la présidence, les ministères et les résidences officielles, s'inscrit dans le cadre du développement de la nouvelle capitale. Une communication continue avec le public est essentielle pour informer sur l'avancement du projet, les changements à venir et les avantages de la nouvelle capitale. La réussite de ce projet repose sur la collaboration entre le gouvernement, les experts en urbanisme et la participation active de la population, créant ainsi une capitale moderne et fonctionnelle aux Comores. En conclusion, cette vision ambitieuse s'inscrit dans la perspective de doter les Comores d'infrastructures modernes, de favoriser le développement économique, et d'offrir un cadre de vie optimal à la population. En tant que futur président, je m'engage fermement à promouvoir et à mettre en œuvre cette loi spéciale pour le bénéfice de notre nation.

X- Création d'agences de développement aux Comores : un engagement pour l'avenir

Dans le cadre de mon engagement à façonner un avenir prometteur pour les Comores, j'ai tracé une vision audacieuse pour la création d'agences nationales spécialisées. Ces institutions joueront un rôle crucial dans la transformation économique, sociale et politique du pays. À travers ce chapitre, nous explorerons en détail six agences fondamentales qui constitueront les piliers du progrès comorien : l'agence nationale de transport, l'agence nationale de construction immobilière, l'agence nationale pour l'autosuffisance alimentaire, l'agence nationale du développement touristique, l'agence nationale de la presse libre et l'agence national des eaux et foret. Chacune de ces agences est conçue pour répondre à des besoins spécifiques et catalyser des changements significatifs dans les secteurs clés. Ensemble, elles incarneront l'engagement résolu envers un avenir harmonieux, prospère et durable pour les Comores.

Agence nationale de transport : Connecter les Îles, faciliter les échanges

La géographie insulaire des Comores souligne l'importance cruciale d'une connectivité efficace entre les îles. Pour concrétiser cette vision, l'agence nationale de transport sera le pivot stratégique, dédié au développement des infrastructures routières, maritimes et aériennes. Sa mission consistera à superviser la mise en œuvre de projets majeurs, englobant la modernisation des routes, l'amélioration des ports et l'expansion des services aériens. Cette initiative ambitieuse vise avant tout à stimuler le commerce interne, à renforcer les liens entre les communautés insulaires et à favoriser une intégration plus étroite. La mobilité des populations est une priorité, conscient que les déplacements difficiles entravent la vie quotidienne des Comoriens, limitant l'accès aux services essentiels et aux opportunités économiques.

Le constat actuel du secteur des transports aux Comores révèle des défis majeurs, avec des moyens de déplacement souvent précaires et des accidents fréquents. L'agence nationale de transport, une fois créée, instaurera une régulation stricte, mettant fin à l'aventurisme dans le secteur. Fixant des normes pour les frais de déplacement, elle veillera à la sécurité des voyageurs en éliminant les véhicules et moyens de transport non conformes. L'organisation et la structuration du secteur des transports, qu'il s'agisse du transport routier, maritime ou aérien, deviennent une priorité. La création d'agences spécialisées dans chaque domaine permettra de mettre en place des régulations spécifiques, de garantir des normes de sécurité élevées et d'optimiser l'efficacité opérationnelle.

En particulier, le développement des petits ports et la construction de gares routières dignes de ce nom dans les grandes villes seront des actions concrètes à entreprendre. Ces infrastructures non seulement faciliteront les déplacements mais généreront également des opportunités économiques locales, renforçant ainsi le tissu social et économique des îles comoriennes. L'engagement résolu du futur président de l'Union des Comores est de créer ces agences de transports spécialisées, permettant ainsi le développement du secteur, l'amélioration des moyens de déplacement et la connectivité harmonieuse entre les îles. Ces actions contribueront à créer des richesses importantes, stimuleront le développement du tourisme, et renforceront la position des Comores sur la scène régionale.

Agence nationale de construction immobilière : révolution architecturale aux Comores

L'accès à un logement décent est au cœur du bien-être social, et en tant que président élu, je m'engage à instaurer des changements significatifs dans le paysage architectural des Comores. La création de l'agence nationale de construction immobilière représente une initiative majeure pour superviser le développement de logements abordables, durables et accessibles à tous les Comoriens. Elle dirigera des projets de construction résidentielle et veillera à ce que le développement urbain soit équilibré et respectueux de l'environnement. Cette agence contribuera à résoudre les défis liés au logement, à réduire les inégalités socio-économiques et à créer des communautés résilientes.

Une identité architecturale comorienne

Actuellement, la construction aux Comores se fait de manière disparate, sans normes ni cohérence architecturale. Lors de mon mandat, nous établirons des normes rigoureuses, respectueuses de l'environnement et en harmonie avec nos valeurs culturelles et sociales. Il s'agira de créer une identité architecturale propre aux Comores, reconnaissable par tous. Pour ce faire, nous rassemblerons les compétences des ingénieurs et architectes comoriens, stimulant la création d'un modèle unique alliant modernité et tradition.

Une des principales missions de l'agence sera d'éduquer et de changer les habitudes des Comoriens en matière de construction. Nous encouragerons une architecture pensée, tenant compte des capacités financières des habitants et utilisant judicieusement les matériaux locaux. Les grands bâtiments sans âme laisseront place à des constructions réfléchies, durables et économes. Pour une mise en œuvre efficace, des filiales de **l'agence nationale de construction immobilière** seront établies dans chaque commune des Comores. Ainsi, aucune construction ne débutera sans l'approbation préalable de l'Agence. Cela garantira la conformité aux normes, éliminera l'anarchie dans l'urbanisation et créera une cohérence esthétique à travers tout le pays.

Objectifs sociaux et économiques

Au-delà de la mission architecturale, cette agence jouera un rôle clé dans la lutte contre le chômage. En organisant le secteur de la construction, elle générera des emplois et créera des opportunités d'emploi pour les Comoriens. De plus, elle contribuera à l'organisation des villes et des communes, favorisant un développement équilibré. L'Agence nationale de construction immobilière sera le fer de lance d'une révolution architecturale aux Comores. Elle nous guidera vers un avenir où chaque Comorien pourra jouir d'un logement décent, où l'architecture reflètera notre identité et où le développement sera harmonieux et durable.

Agence nationale pour l'autosuffisance alimentaire aux Comores

Nous avons tous les atouts nécessaires pour atteindre l'autosuffisance alimentaire aux Comores. En tant que futur Président, la création d'une agence nationale pour l'autosuffisance alimentaire sera au cœur de mes priorités. Inspirée des meilleures pratiques observées à l'échelle mondiale, cette agence jouera un rôle clé dans la coordination des politiques et des actions visant à garantir la sécurité alimentaire aux Comores. La diversité des approches adoptées par ces nations témoigne de la flexibilité nécessaire pour adapter les politiques aux réalités spécifiques de chaque pays. Parmi les exemples inspirants, citons le Brésil, qui a instauré l'agence nationale de sécurité alimentaire (ANSA) pour coordonner les politiques garantissant la sécurité alimentaire et nutritionnelle dans le pays. De manière similaire, le Nigeria a créé l'agence nationale de sécurité alimentaire (NAFS) avec pour objectif de garantir la sécurité alimentaire tout en encourageant une production alimentaire durable.

L'Éthiopie a adopté le programme de développement de la sécurité alimentaire nationale pour renforcer la résilience face à l'insécurité alimentaire, tandis que l'Inde a mis en œuvre la Commission nationale de la sécurité alimentaire et le Plan national de sécurité alimentaire pour atteindre l'autosuffisance. Le Maroc a lancé le Plan Maroc Vert, une initiative visant à développer le secteur agricole pour parvenir à l'autosuffisance alimentaire dans certaines productions agricoles. La Chine a également déployé plusieurs programmes et agences, dont le Plan de sécurité alimentaire nationale, pour promouvoir la sécurité alimentaire à l'échelle nationale. En tant que futur Président des Comores, je considère ces exemples comme des sources d'inspiration précieuses. L'agence comorienne travaillera en étroite collaboration avec les acteurs du secteur agricole pour coordonner les initiatives visant à accroître la productivité agricole, encourager des pratiques durables, et promouvoir une utilisation efficace des terres.

Une attention particulière sera accordée aux petits agriculteurs. L'agence élaborera des programmes visant à renforcer leurs capacités, à améliorer l'accès aux semences de qualité, aux technologies agricoles modernes, et à faciliter l'écoulement de leurs produits sur le marché. Pour assurer une autosuffisance alimentaire réelle, l'agence encouragera la diversification de la production agricole. Elle soutiendra des cultures variées et adaptées aux conditions locales, réduisant ainsi la dépendance excessive à un nombre limité de denrées alimentaires. Sensibiliser la population à l'importance de l'agriculture locale et promouvoir une alimentation équilibrée seront des volets essentiels de l'action de l'agence. Des programmes éducatifs seront mis en place pour encourager une compréhension approfondie des enjeux alimentaires. L'autosuffisance alimentaire ne peut être atteinte de manière durable sans une gestion responsable des ressources naturelles. L'agence veillera à ce que les pratiques agricoles respectent l'environnement et préservent la fertilité des sols. Bien que l'objectif soit l'autosuffisance, l'agence pourra également explorer des partenariats internationaux visant à échanger des connaissances, des technologies agricoles et des bonnes pratiques pour renforcer les capacités locales

La création de cette agence sera le socle sur lequel nous bâtirons un avenir où les Comores ne dépendront plus des importations alimentaires. En unissant nos forces, nous forgerons un modèle d'autosuffisance alimentaire qui non seulement nourrira notre population mais renforcera également la stabilité économique et sociale de notre nation. Une fois élu Président, je m'engage à faire de cette vision une réalité aux Comores. Il est inacceptable que notre nation, riche de ressources naturelles, dépende encore des importations alimentaires. Nous créerons ensemble un avenir où notre autosuffisance alimentaire sera le fondement d'une nation forte et prospère.

 Liberté de la presse aux Comores : La maison de la presse, un pilier de la démocratie

En tant que futur Président, je m'engage à placer la liberté d'expression au cœur de ma politique gouvernementale. Je suis convaincu qu'aucun développement durable n'est envisageable sans une liberté d'expression authentique. Pour concrétiser cette vision, je projette la création d'une institution novatrice, la maison de la presse, qui constituerait un socle majeur de notre démocratie. La maison de la presse serait un projet ambitieux réunissant les journalistes de la presse écrite, de la radio et de la télévision au sein d'une plateforme collaborative. Son fonctionnement serait marqué par une liberté totale, garantissant ainsi une expression sans entraves. Un aspect fondamental de cette initiative serait l'élection des membres de sa direction par les professionnels de la presse eux-mêmes, instaurant ainsi un cadre démocratique au sein de l'institution.

Cette Maison de la Presse rassemblerait des entités médiatiques majeures des Comores, notamment le journal Alwatwan et l'Office de Radio et Télévision des Comores (ORTC). Toutefois, elle opérerait dans une indépendance totale vis-à-vis de l'État, qui assurerait un soutien financier tout en garantissant la non-ingérence dans ses activités éditoriales.

Inspirée des modèles réussis dans d'autres pays de l'océan Indien et d'Afrique, la Maison de la Presse des Comores accueillerait les meilleurs journalistes, sélectionnés selon leurs compétences avérées. Les expériences positives de pays où la liberté de la presse est érigée en principe fondamental, tels que l'île Maurice, la Tanzanie, ou encore le Sénégal, serviront de références pour la conception et la mise en œuvre de cette institution. Pour assurer l'indépendance financière et l'équilibre budgétaire de la Maison de la Presse, une loi sera promulguée rendant obligatoire l'achat de journaux pour tout travailleur se trouvant aux Comores. Cette mesure vise à garantir un soutien populaire et financier, permettant ainsi aux journalistes de vivre dignement de leur métier.

En définitive, la création de la Maison de la Presse aux Comores représentera une avancée majeure vers une société plus transparente, démocratique et respectueuse de la liberté d'expression, où les journalistes pourront exercer leur métier en toute indépendance.

Agence nationale du développement touristique

Le tourisme, en tant que moteur économique clé, revêt une importance significative pour les économies insulaires, apportant des contributions notables sur les plans économique, social et culturel. Tout d'abord, le tourisme représente une source majeure de revenus pour les économies insulaires. Les visiteurs dépensent dans divers secteurs tels que l'hébergement, la nourriture, les transports, les activités touristiques, stimulant ainsi les secteurs locaux et générant des recettes substantielles. De plus, l'industrie touristique crée un nombre important d'emplois, allant de l'hôtellerie à la restauration, en passant par les loisirs, les transports, les services touristiques et les activités culturelles. Cette création d'emplois contribue à réduire le chômage et à améliorer les perspectives économiques des populations locales.

Par ailleurs, en vue d'accueillir les touristes, les pays insulaires développent leurs infrastructures, notamment les aéroports, les ports, les routes et les installations touristiques. Ces investissements ont des retombées positives sur l'ensemble de l'économie en améliorant la connectivité et la qualité de vie des habitants. De surcroît, le tourisme offre une vitrine aux produits artisanaux locaux et à la culture locale. Les visiteurs s'intéressent souvent à l'achat de souvenirs authentiques, stimulant ainsi le développement du commerce artisanal et la préservation des traditions culturelles. Par ailleurs, le tourisme permet aux pays insulaires de diversifier leurs économies, offrant une alternative aux économies dépendantes d'une seule industrie. Cette diversification réduit la vulnérabilité aux chocs externes. En outre, l'industrie touristique renforce souvent les efforts de préservation de l'environnement, car la beauté naturelle et la biodiversité des îles constituent des attraits majeurs. Les pays insulaires ont un intérêt particulier à préserver leurs écosystèmes pour maintenir l'attrait touristique.

Enfin, le tourisme favorise les échanges culturels entre les visiteurs et la population locale, contribuant ainsi à une meilleure compréhension mutuelle, à la tolérance culturelle et au renforcement des liens internationaux. En conjuguant ces divers aspects, le tourisme devient un levier essentiel pour le développement économique, social et culturel des pays insulaires.

En considérant les atouts touristiques des Comores, notamment le tourisme culturel, l'écotourisme et le tourisme balnéaire, je m'engage, en tant que futur Président, à créer une Agence Nationale du Développement Touristique. Cette agence assurera la gestion globale de l'industrie touristique, impliquant la construction d'hôtels dans chaque commune du pays, la gestion hôtelière, la coordination et la promotion touristique. Cette initiative vise à exploiter pleinement le potentiel touristique des Comores pour catalyser le développement économique du pays.

Agence nationale des eaux et forêts

Une agence nationale des eaux et forêts a pour mission principale de gérer de manière durable et responsable les ressources en eau et les espaces forestiers d'un pays. Les missions spécifiques peuvent varier d'un pays à l'autre en fonction de ses besoins et de ses priorités. De manière générale, les principales missions d'une telle agence comprennent la gestion des ressources en eau, la conservation et la gestion des espaces forestiers, la préservation de la biodiversité, la prévention des incendies de forêt, la contribution à l'aménagement du territoire, la recherche et la surveillance, ainsi que la sensibilisation et l'éducation. La gestion des ressources en eau est cruciale, englobant la surveillance des bassins versants, des rivières, des lacs et des nappes phréatiques. L'objectif est d'assurer une utilisation durable de l'eau, de prévenir la pollution et de garantir un approvisionnement adéquat pour les besoins actuels et futurs. Parallèlement, la conservation et la gestion des espaces forestiers impliquent la surveillance des activités forestières, la prévention de la déforestation, la promotion de la reforestation, et la lutte contre les pratiques illégales.

La préservation de la biodiversité est également une mission essentielle, avec la mise en place de programmes de conservation des espèces menacées et de protection des habitats naturels. La prévention des incendies de forêt comprend le développement de stratégies de prévention, la formation des équipes de lutte contre les incendies, et la sensibilisation du public aux risques. L'agence contribue également à l'aménagement du territoire en participant à l'élaboration de politiques respectueuses de l'environnement. Elle peut être impliquée dans des activités de recherche scientifique, la collecte de données et la surveillance des écosystèmes aquatiques et forestiers. De plus, des programmes de sensibilisation et d'éducation sont mis en œuvre pour informer le public sur l'importance de la conservation des ressources en eau et des espaces forestiers. En conclusion, une agence nationale des eaux et forêts joue un rôle crucial dans la préservation des écosystèmes aquatiques et forestiers, contribuant ainsi à la durabilité environnementale et à la protection des ressources naturelles d'un pays. Une fois élu président des Comores, je m'engage à mettre en place une agence similaire pour assurer la gestion durable et responsable de nos ressources en eau et espaces forestiers.

En s'inspirant des meilleures pratiques mondiales et en adaptant ces modèles à la réalité comorienne, ces agences deviendront des catalyseurs de progrès. La création de l'Agence Nationale de Transport et de l'Agence Nationale de Construction Immobilière constitue un engagement ferme envers l'édification d'un avenir prospère pour les Comores. Ces initiatives renforceront la gouvernance, encourageront l'efficacité et créeront des bases solides pour le développement économique et social du pays. En tant que président, ma vision est d'assurer que chaque Comorien bénéficie des opportunités offertes par ces agences, concrétisant ainsi notre aspiration collective à un avenir plus prometteur et harmonieux.

Deuxième partie

Bâtir l'avenir des Comores ensemble : Programme pour des communes dynamiques et inclusives

Avant-propos

Introduction

- **Présentation du contexte actuel des communes dans les pays en développement.**

- Annonce du programme politique axé sur l'équité, le développement durable, l'inclusion sociale, et la prospérité partagée.

Chapitre 1 : L'état Actuel des Communes

- Analyse des défis et opportunités auxquels font face les communes dans les pays en développement.

- Analyse des défis et opportunités auxquels font face les communes aux Comores

Chapitre 2 : Les fondements du programme

- Exposition des valeurs fondamentales sous-tendant le programme politique, telles que la justice, la durabilité environnementale, l'éducation pour tous, et la participation démocratique.

- Discussion sur la nécessité de créer des bases solides pour le développement communal.

Chapitre 3 : éducation de la maternelle à la terminale

- Développement des propositions relatives à l'éducation, y compris la construction d'écoles modernes, l'amélioration des ressources pédagogiques, et la formation continue des enseignants.

Chapitre 4 : infrastructure récréative et culturelle

- Expansion sur les initiatives visant à développer des espaces récréatifs et culturels, y compris des stades, des parcs d'attractions, et des maisons de la culture.

Chapitre 5 : Justice et Sécurité

- Exploration des propositions pour renforcer le système judiciaire, établir des tribunaux et postes de police, et améliorer la sécurité communale.

Chapitre 6 : Logements Sociaux

- Développement des stratégies pour fournir des logements abordables et équitables, basées sur le mérite plutôt que sur des pratiques traditionnelles.

Chapitre 7 : Économie Locale

- Discussion sur les mesures visant à stimuler l'économie locale, promouvoir l'entrepreneuriat, et créer des opportunités d'emploi.

Chapitre 8 : Santé pour Tous

- Présentation des propositions pour renforcer les services de santé, construire des hôpitaux et pharmacies, et promouvoir la santé communautaire.

Chapitre 9 : Culture et Arts

- Expansion sur les projets de promotion de la culture et des arts, y compris la construction de musées et de centres culturels.

Chapitre 10 : Agriculture et Autosuffisance Alimentaire

- Développement des programmes liés à l'agriculture communale, à la sécurité alimentaire, et à l'autosuffisance alimentaire.

Chapitre 11 : Éco-Tourisme Communal

- Exploration des initiatives visant à développer le tourisme durable au niveau communal, mettant en valeur les ressources naturelles locales.

Chapitre 12 : Respect de l'Environnement

- Présentation des programmes environnementaux, mettant l'accent sur la préservation des ressources naturelles et la durabilité.

Chapitre 13 : Nouvelles Villes Communales

- Développement des propositions pour la création de nouvelles villes, basée sur le mérite, accueillant une diversité d'habitants et d'activités.

Chapitre 14 : Financement des Projets Communaux

- Discussion sur les mécanismes de financement, y compris la mobilisation des ressources locales et le partenariat public-privé.

Chapitre 15: Cohésion Sociale, Création de Richesse et Lutte Contre la Pauvreté

La cohésion sociale est le socle sur lequel repose la prospérité d'une communauté.

Synthèse des propositions clés du programme politique.

- Appel à l'unité communale pour réaliser la vision d'un développement inclusif et durable. Les grandes orientations du Parti Politique BUNDO-LES BÂTISSEURS

Conclusion

Introduction

Citoyens et citoyennes, résidents et résidentes, partenaires de notre magnifique pays, l'Union des Comores.

Aujourd'hui, nous avons pris la parole pour partager une vision audacieuse, un projet ambitieux qui façonne l'avenir de nos communes. Notre programme politique repose sur des fondements solides : **l'équité, le développement durable, l'inclusion sociale et la prospérité partagée.** En mettant en avant ces principes, nous aspirons à créer des communautés florissantes où chaque individu trouve sa place, contribue au bien-être collectif et bénéficie d'un environnement propice à son épanouissement. Aux Comores, nous comptons 54 communes : 28 sur l'Île de la Grande-Comore, 20 sur l'Île d'Anjouan et 6 sur l'Île de Mohéli. Ce programme, intitulé *« Bâtir l'avenir des Comores ensemble : Programme pour des communes dynamiques et inclusives »,* concerne l'ensemble de ces communes, incarnant ainsi notre engagement envers chaque région de notre pays.

Notre vision va au-delà des frontières traditionnelles. Nous envisageons la création de nouvelles villes communales, des centres urbains modernes, harmonieux et inclusifs, abritant des infrastructures essentielles allant de l'éducation à la santé, du logement à la culture. Ces villes seront des laboratoires d'innovation, des lieux où la diversité, le mérite et l'engagement communautaire seront célébrés.

Nous défions les normes établies en matière d'attribution des terres, mettant fin à des pratiques discriminatoires. Dans nos nouvelles villes, c'est le mérite qui guidera l'attribution des terres, ouvrant la voie à une société où chaque individu, indépendamment du genre, de la profession ou de l'origine, aura l'opportunité de contribuer et de prospérer.

Les piliers de notre programme reposent sur des valeurs profondes : la justice, la durabilité environnementale, l'éducation pour tous, la santé accessible, et la participation démocratique. Nous nous engageons à construire des infrastructures modernes, à favoriser une économie locale dynamique, à promouvoir la culture et les arts, et à créer des opportunités pour tous, sans exception.

Au cœur de cette vision se trouve une communauté active et engagée. Nous encourageons la participation de tous les résidents dans la prise de décision, la planification urbaine et la gestion des affaires locales. Votre voix, vos idées et vos aspirations sont les fondations sur lesquelles nous bâtirons l'avenir de nos communes.

Ce programme n'est pas simplement un plan d'action, mais une invitation à construire ensemble un avenir où chacun se sent chez soi, où l'égalité des chances est une réalité quotidienne, et où la durabilité guide nos pas. Ensemble, en tant que communauté unie, nous allons créer des communes prospères, résilientes et empreintes de justice sociale. Notre vision pour chaque commune repose sur l'idée d'une communauté florissante et équilibrée, offrant des services essentiels à tous ses résidents. Ce programme vise à créer un environnement propice à l'éducation, à la santé, à la sécurité et aux loisirs, tout en favorisant le développement économique et la cohésion sociale.

Bienvenue dans l'ère du changement positif, bienvenue dans un avenir où le potentiel de chaque individu est libéré, où l'équité est la norme, et où nos communes sont des modèles d'innovation et d'inclusion. Ensemble, réalisons cette vision et façonnons un avenir radieux pour nos générations futures.

Chapitre 1 : L'état actuel des communes

A- Analyse des défis et opportunités auxquels font face les communes dans les pays en développement.

L'histoire de la mise en place des communes remonte à plusieurs siècles et est souvent étroitement liée à l'évolution des structures politiques et administratives au fil du temps. Les origines des communes remontent au Moyen Âge en Europe, où des communautés locales se sont organisées pour gérer leurs affaires quotidiennes, souvent sous l'égide de chartes octroyées par les souverains. Ces premières formes d'autonomie locale ont évolué au fil des siècles, influencées par des facteurs politiques, économiques et sociaux.

Les communes visent à décentraliser le pouvoir en transférant une partie de l'autorité gouvernementale du niveau central vers des entités locales, permettant ainsi une gestion plus adaptée aux besoins spécifiques de chaque communauté. Elles encouragent la participation citoyenne en permettant aux résidents de prendre part aux décisions qui impactent directement leur vie quotidienne, renforçant ainsi la démocratie locale et l'engagement civique.

Les communes sont chargées de la gestion des affaires locales, telles que l'urbanisme, l'éducation, la santé, l'environnement, les services publics, et d'autres aspects cruciaux de la vie communautaire. Elles fournissent et coordonnent une gamme de services locaux, y compris l'éducation, la santé, la voirie, les services sociaux, les espaces publics, et d'autres services essentiels pour le bien-être des résidents.

Elles jouent un rôle clé dans le développement économique local en encourageant les entreprises, l'emploi, et en soutenant les initiatives qui favorisent la croissance économique au niveau communautaire. Les communes sont également responsables de la planification urbaine, veillant à un développement harmonieux du territoire, à la préservation de l'environnement, et à la création d'espaces adaptés aux besoins des résidents.

La manière dont elles sont administrées varie en fonction des systèmes politiques et des législations propres à chaque région. Les communes sont généralement administrées par un conseil municipal, élu par les citoyens, avec un maire ou un président à la tête de l'exécutif de la commune. Les résidents participent à l'administration des communes par le biais d'élections, de consultations publiques et de divers mécanismes de participation citoyenne.

Les communes dans les pays en développement font face à plusieurs défis lors de la mise en œuvre de leurs programmes communaux. Ces défis peuvent varier en fonction du contexte spécifique de chaque pays, mais certains thèmes communs émergent souvent. Les communes peuvent souffrir d'un manque de ressources financières et de capacités administratives, entravant la réalisation d'objectifs ambitieux. La pression démographique, les problèmes d'infrastructures de base, la vulnérabilité aux catastrophes naturelles, et l'accès limité à l'éducation et à la santé sont autant de défis auxquels elles sont confrontées.

La corruption, la dépendance aux financements extérieurs, les défis environnementaux et les inégalités sociales ajoutent des complexités supplémentaires. La résolution de ces défis nécessite une approche intégrée, une collaboration entre les niveaux de gouvernement, le renforcement des capacités locales et une participation active de la communauté. Les efforts visant à surmonter ces obstacles contribueront à créer des communes plus résilientes, durables et prospères dans les pays en développement.

B-Analyse des défis et opportunités auxquels font face les communes aux Comores

Les communes aux Comores font face à une série de défis qui influencent directement leur développement socio-économique. Parmi ces obstacles, on trouve des ressources financières et budgétaires limitées, entravant la capacité à financer des projets essentiels tels que l'amélioration des infrastructures, des services de base et des programmes sociaux. De plus, l'accès aux infrastructures de base, comme l'eau potable, l'électricité, les routes et les services sanitaires, reste un défi majeur. La dégradation des infrastructures existantes et le besoin d'expansion ajoutent une pression supplémentaire.

Concernant l'éducation et la santé, bien que des progrès aient été réalisés, l'accès à une éducation de qualité et à des services de santé demeure inégal. Des défis subsistent en termes d'infrastructures éducatives, de ressources pédagogiques et de personnel médical qualifié. Parallèlement, la création d'emplois formels et le développement économique local représentent des défis majeurs, avec une dépendance à l'égard de secteurs spécifiques et une absence d'opportunités d'emploi diversifiées contribuant à des taux élevés de chômage.

Sur le plan de la gouvernance locale, des problèmes de transparence, de participation citoyenne limitée et parfois de corruption entravent le bon fonctionnement des communes. Cela peut affecter la confiance des résidents dans la gestion des affaires communales. Enfin, les changements climatiques constituent une menace croissante, avec l'augmentation des événements climatiques extrêmes et la montée du niveau de la mer ayant des impacts significatifs sur les infrastructures côtières et la sécurité alimentaire.

Cependant, au milieu de ces défis, des opportunités significatives se présentent. Les communes ont l'opportunité de diversifier leur économie en encourageant l'entrepreneuriat local, soutenant les petites entreprises et exploitant les ressources naturelles de manière durable. Le développement du tourisme est une avenue prometteuse, capitalisant sur le potentiel touristique des Comores avec leurs paysages naturels, leurs plages et leur culture unique.

La création de partenariats, tant locaux qu'internationaux, offre des avantages en termes de ressources supplémentaires, d'expertises et d'opportunités de financement pour des projets de développement. Investir dans l'éducation et la formation professionnelle peut renforcer les compétences de la main-d'œuvre locale, améliorant ainsi les perspectives d'emploi et contribuant au développement économique.

En outre, les initiatives axées sur la durabilité environnementale, comme la gestion des déchets et la préservation des ressources naturelles, peuvent non seulement protéger l'environnement mais également créer des emplois verts. L'adoption de technologies modernes et d'innovations peut améliorer l'efficacité des services publics, renforcer la connectivité et stimuler le développement économique.

En résumé, bien que les défis soient significatifs, les communes aux Comores disposent également d'opportunités cruciales pour surmonter ces obstacles et progresser vers un développement plus durable et inclusif. La gestion efficace des ressources, les partenariats stratégiques et une vision à long terme sont essentiels pour atteindre ces objectifs.

Chapitre 2 : Les fondements du programme

A- Exposition des valeurs fondamentales sous-tendant le programme politique, telles que la justice, la durabilité environnementale, l'éducation pour tous, et la participation démocratique.

Ce chapitre 2, intitulé **« *Les fondements du programme* »,** sert de socle conceptuel à notre vision politique, mettant en avant des valeurs fondamentales qui guideront toutes les actions entreprises au sein de nos communes. Ces valeurs sont la clé de voûte de notre engagement envers un avenir prospère, durable et équitable pour tous.

Au cœur de notre programme politique, nous plaçons la justice comme principe directeur. Nous croyons en une société où l'égalité des chances n'est pas simplement un idéal, mais une réalité tangible. En favorisant la justice sociale, nous nous engageons à créer des politiques qui réduisent les disparités économiques, éducatives et sanitaires au sein de nos communautés. Chacun devrait avoir un accès équitable aux ressources et aux opportunités, indépendamment de son origine ou de sa condition sociale.

La durabilité environnementale constitue une autre pierre angulaire de notre programme. Nous sommes conscients des défis environnementaux auxquels nos communes et notre planète font face. En intégrant des pratiques durables dans tous les aspects de notre gouvernance, nous aspirons à préserver et à protéger notre environnement pour les générations futures. Cela inclut la promotion des énergies renouvelables, la gestion responsable des déchets, et la préservation des espaces verts au sein de nos communes.

L'éducation pour tous occupe une place centrale dans nos valeurs fondamentales. Nous considérons l'éducation comme un levier puissant pour l'autonomisation individuelle et le progrès collectif. En investissant dans des infrastructures éducatives de qualité, en fournissant des ressources pédagogiques adéquates, et en encourageant l'innovation dans les méthodes d'enseignement, nous visons à créer des opportunités égales pour chaque enfant, de la maternelle à la terminale.

La participation démocratique est un principe inébranlable qui guide notre approche gouvernementale. Nous croyons en la voix de chaque citoyen et en sa capacité à contribuer aux décisions qui impactent sa vie quotidienne. En encourageant la participation citoyenne à travers des consultations publiques, des réunions communautaires et des mécanismes de feedback, nous visons à créer des politiques qui reflètent véritablement les besoins et les aspirations de la population.

En résumé, les valeurs fondamentales de justice, durabilité environnementale, éducation pour tous et participation démocratique forment le socle sur lequel repose notre programme politique. Ces principes ne sont pas simplement des concepts abstraits, mais des engagements concrets envers un avenir meilleur, où chaque individu a l'opportunité de s'épanouir et de contribuer au bien-être collectif de nos communes.

B-Discussion sur la nécessité de créer des bases solides pour le développement communal

La nécessité de créer des bases solides pour le développement communal est impérative, car cela constitue le fondement sur lequel reposera la prospérité future de nos communautés. Ces bases solides sont les piliers essentiels qui soutiendront non seulement les infrastructures physiques, mais également les aspirations et le bien-être de chaque résident.

Tout d'abord, des infrastructures modernes sont cruciales pour bâtir des bases solides. En investissant dans des écoles équipées, des hôpitaux bien pourvus, des routes efficaces et des services publics accessibles, nous créons un environnement propice à la croissance et au développement. Ces infrastructures sont les fondements tangibles qui améliorent la qualité de vie de nos résidents et stimulent le dynamisme économique local.

En parallèle, la mise en place de politiques éducatives solides est un élément clé pour assurer un développement communal durable. Des écoles de qualité, de la maternelle à la terminale, fourniront les connaissances nécessaires pour nourrir des générations éduquées et bien informées. En investissant dans la formation continue des enseignants et en encourageant des programmes éducatifs diversifiés, nous créons un terreau fertile pour l'épanouissement intellectuel de nos jeunes.

La santé de nos communautés est également une composante essentielle de ces bases solides. En établissant des hôpitaux bien équipés, en favorisant la prévention des maladies et en assurant un accès équitable aux soins de santé, nous investissons dans le capital humain de nos communes. Des résidents en bonne santé sont plus aptes à contribuer activement au développement économique et social.

En outre, la justice et la sécurité sont des éléments non négligeables pour établir des bases solides. Un système judiciaire efficace et équitable, combiné à des services de sécurité fiables, crée un environnement où les droits de chacun sont respectés. La confiance dans la justice et la sécurité favorise une atmosphère propice aux investissements, à la création d'emplois et à la croissance économique.

Enfin, encourager la participation citoyenne et l'engagement communautaire renforce ces bases solides. En établissant des mécanismes de consultation publique, en favorisant la transparence et en créant des opportunités pour que chaque voix soit entendue, nous construisons une fondation démocratique où les résidents se sentent investis dans le processus de développement de leur communauté.

En somme, créer des bases solides pour le développement communal signifie investir de manière stratégique dans l'éducation, la santé, la justice, la sécurité et la participation citoyenne. Ces piliers sont interconnectés et se renforcent mutuellement, formant la structure solide sur laquelle nos communautés peuvent prospérer de manière équilibrée et durable.

Chapitre 3 : éducation de la maternelle à la terminale

- Développement des propositions relatives à l'éducation, y compris la construction d'écoles modernes, l'amélioration des ressources pédagogiques, et la formation continue des enseignants.

L'éducation occupe une place centrale dans notre vision pour le développement communal, et nos propositions visent à créer un environnement éducatif dynamique et inclusif, de la maternelle à la terminale.

Tout d'abord, nous envisageons la mise en place d'écoles communales de la maternelle à la terminale, dotées d'infrastructures modernes. L'investissement dans la construction et la rénovation d'écoles englobera des salles de classe spacieuses, des laboratoires scientifiques, des bibliothèques et des espaces récréatifs. Ces installations offriront un cadre propice à l'apprentissage, favorisant un environnement éducatif stimulant et sécurisé.

Le volet des ressources pédagogiques sera également une priorité. Nous nous engageons à fournir aux écoles des ressources éducatives de qualité, comprenant des manuels actualisés, du matériel d'apprentissage interactif et l'intégration de technologies éducatives. Ces outils visent à susciter l'engagement des élèves, à diversifier les méthodes d'enseignement et à favoriser une approche moderne de l'apprentissage.

Par ailleurs, la formation continue des enseignants occupera une place essentielle. Nous soutiendrons activement le développement professionnel des enseignants pour garantir qu'ils maîtrisent des méthodes d'enseignement adaptées aux besoins spécifiques des élèves. Encourager leur participation à des programmes de formation continue renforcera leurs compétences et leur permettra de rester à la pointe des nouvelles pratiques pédagogiques.

Dans le domaine de l'éducation artistique et culturelle, nous introduirons des programmes diversifiés. Cela inclura des cours d'arts, de musique et de culture locale, visant à stimuler la créativité des élèves et à promouvoir une compréhension interculturelle. Des partenariats avec des artistes locaux et des organisations culturelles enrichiront davantage cette dimension éducative.

Pour répondre aux besoins spécifiques des élèves, nous mettrons en place des programmes éducatifs inclusifs, garantissant l'accès à une éducation adaptée à chaque enfant. Des services de soutien, tels que des enseignants spécialisés et des conseillers, seront disponibles pour créer un environnement éducatif favorable et équitable.

La participation des parents et de la communauté sera encouragée à travers la formation de comités de parents. Ces comités favoriseront une collaboration étroite entre les parents, les enseignants et l'administration scolaire. Des événements éducatifs communautaires, tels que des conférences et des ateliers, seront organisés régulièrement pour impliquer activement la communauté dans le processus éducatif de leurs enfants.

Enfin, des programmes d'orientation professionnelle seront mis en place pour guider les étudiants dans leurs choix académiques et professionnels. Des conseillers d'orientation seront disponibles, et nous faciliterons les stages en entreprise, établissant des partenariats avec des entreprises locales pour offrir des opportunités concrètes d'apprentissage sur le terrain.

En investissant significativement dans l'éducation, nous créons les fondations solides nécessaires pour le développement personnel et professionnel de chaque individu au sein de notre commune. Ces initiatives visent à élever le niveau d'éducation, à favoriser la créativité et à ouvrir des horizons prometteurs pour les générations futures. Un engagement ferme envers l'éducation est la clé d'une communauté prospère et résiliente.

Chapitre 4 : infrastructure récréative et culturelle

- Expansion sur les initiatives visant à développer des espaces récréatifs et culturels, y compris des stades, des parcs d'attractions, et des maisons de la culture.

Le développement d'infrastructures récréatives et culturelles constitue une pierre angulaire de notre programme, visant à créer des espaces dynamiques et inclusifs au sein de chaque commune. Pour commencer, chaque commune bénéficiera d'un parc d'attraction soigneusement conçu. Ces parcs offriront non seulement des espaces verts apaisants mais également des aires de jeux et des installations sportives. Cela répondra aux besoins variés de tous les membres de la communauté, favorisant la convivialité et la vitalité au cœur de la commune. De plus, ces parcs seront le lieu privilégié pour organiser des événements communautaires, des festivals et des activités culturelles, renforçant ainsi les liens sociaux et culturels.

En investissant dans des stades polyvalents, équipés de terrains de football, de basketball, de tennis, entre autres, nous encouragerons la pratique du sport à tous les niveaux. Ces stades ne seront pas simplement des installations sportives, mais des espaces de rassemblement pour la communauté. Des programmes sportifs communautaires seront lancés, visant à engager les résidents de tous âges et à promouvoir une vie saine, favorisant la cohésion sociale.

Les jardins communaux constitueront des espaces verts durables, favorisant la biodiversité et offrant des endroits paisibles pour les résidents. Ces espaces seront non seulement des refuges naturels mais également des hubs éducatifs, avec des programmes sur l'environnement permettant aux habitants d'apprendre l'importance de la durabilité et de la préservation de la nature.

Nous mettrons également l'accent sur les événements culturels en organisant des festivals, des expositions artistiques et des performances culturelles. Ces initiatives serviront à mettre en valeur les talents locaux, à renforcer l'identité culturelle de la commune et à encourager la participation active de tous. La création de centres culturels offrira des espaces dédiés à des cours d'art, de musique, de danse et à d'autres activités culturelles.

Les installations de loisirs seront conçues pour tous les âges, avec des aires de jeux pour les enfants équipées de structures de jeu sûres et stimulantes. De plus, des espaces dédiés aux activités de loisirs pour les personnes âgées seront aménagés, favorisant ainsi la participation active des aînés à la vie communautaire.

Enfin, pour encourager l'art et la créativité, des studios artistiques seront créés. Ces espaces stimuleront le développement des compétences artistiques des résidents, favorisant la créativité au sein de la communauté. Des programmes éducatifs, tels que des ateliers et des cours d'art, seront proposés pour encourager la participation de tous, indépendamment de l'âge ou du niveau de compétence.

En investissant dans une infrastructure récréative et culturelle diversifiée, notre objectif est de créer un environnement où les résidents peuvent se divertir, s'épanouir sur le plan culturel et participer activement à des activités récréatives enrichissantes. Cela contribuera non seulement au bien-être individuel mais renforcera également le tissu social de la communauté dans son ensemble.

Chapitre 5 : justice et sécurité

- Exploration des propositions pour renforcer le système judiciaire, établir des tribunaux et postes de police, et améliorer la sécurité communale.

Le chapitre 5 de notre programme politique se concentre sur la justice et la sécurité, deux aspects cruciaux pour assurer la stabilité et le bien-être au sein de chaque commune.

Tout d'abord, nous nous engageons à établir un tribunal local, garantissant un accès facile à la justice pour tous les résidents. Ce tribunal traitera diverses affaires civiles et pénales, assurant une résolution rapide et équitable des litiges. En parallèle, des programmes de médiation communautaire seront encouragés pour résoudre les différends de manière non litigieuse, favorisant ainsi la résolution pacifique des conflits au sein de la communauté.

Pour renforcer la sécurité communale, nous renforcerons la présence policière dans la communauté. Des patrouilles régulières établiront une relation de confiance entre la police et les citoyens. Des programmes de prévention de la criminalité seront mis en place pour s'attaquer aux causes profondes de la délinquance, impliquant activement la communauté dans des initiatives visant à créer un environnement sûr.

Transparence et responsabilité seront les piliers de notre système judiciaire. Des rapports réguliers sur les activités du tribunal et des forces de l'ordre seront publiés, permettant ainsi à la communauté de rester informée. Des programmes de réhabilitation seront développés pour réintégrer les délinquants dans la société de manière constructive, en collaboration avec des professionnels de la santé mentale et des travailleurs sociaux.

Nous investirons dans la formation continue des forces de l'ordre pour garantir qu'elles sont bien équipées pour faire face aux défis modernes de la sécurité. L'introduction de technologies de surveillance modernes et de systèmes de communication améliorera l'efficacité des forces de l'ordre dans la résolution rapide des incidents.

La collaboration communautaire sera encouragée à travers des comités consultatifs de sécurité, réunissant des représentants de la communauté, des forces de l'ordre et d'autres parties prenantes pour discuter des problèmes de sécurité et élaborer des solutions ensemble. Des partenariats avec des organisations locales seront favorisés pour aborder les problèmes sociaux sous-jacents, tels que la pauvreté et le manque d'opportunités, contribuant ainsi à la prévention de la criminalité.

En mettant en œuvre ces mesures complètes en matière de justice et de sécurité, notre objectif est de créer une communauté où les résidents se sentent en sécurité, protégés et inclus dans le processus judiciaire. La justice et la sécurité sont des piliers essentiels d'une communauté prospère et équilibrée.

Chapitre 6 : Logements sociaux

- Développement des stratégies pour fournir des logements abordables et équitables, basées sur le mérite plutôt que sur des pratiques traditionnelles.

Le chapitre 6 de notre programme politique se concentre sur le développement de logements sociaux afin de garantir des solutions de logement abordables, équitables et basées sur le mérite au sein de chaque commune.

Pour commencer, nous mettrons en œuvre une analyse approfondie pour identifier les besoins en logements sociaux, en tenant compte de la diversité des situations familiales et des revenus au sein de chaque communauté. Afin de développer des projets de logements sociaux viables, nous établirons des partenariats solides avec le secteur privé et les organisations non gouvernementales, favorisant ainsi une planification urbaine équilibrée et une utilisation efficace des ressources.

L'accessibilité financière sera une priorité majeure. Les logements sociaux seront proposés à des prix abordables, adaptés aux revenus variés, garantissant ainsi l'accessibilité à un logement décent pour tous. Pour faciliter l'accession à la propriété, des mécanismes de financement flexibles, tels que des prêts à faible coût et des programmes d'aide au paiement, seront mis en place.

En ce qui concerne la qualité de construction et la durabilité, nous nous engageons à respecter des normes élevées pour assurer la sécurité, la durabilité et le confort des résidents. Des initiatives écologiques, telles que l'utilisation de matériaux durables et d'énergies renouvelables, seront intégrées pour contribuer à la réduction de l'empreinte carbone.

La conception des projets de logements sociaux favorisera la diversité sociale, économique et culturelle au sein de la commune, évitant ainsi toute stigmatisation des résidents. Des espaces communs, tels que des parcs et des aires de jeux, seront aménagés pour encourager les interactions sociales et renforcer le sentiment de communauté.

Des programmes de soutien social seront mis en place pour aider les nouveaux résidents à s'intégrer dans leur nouveau logement et à la vie communautaire. De plus, nous favoriserons la mise en place de services de proximité tels que des écoles, des centres de santé et des infrastructures récréatives à proximité des logements sociaux.

En plus de la construction de nouveaux logements sociaux, nous nous engageons à réhabiliter les quartiers existants pour améliorer la qualité de vie des résidents actuels, en modernisant les infrastructures et en revitalisant les espaces publics.

La participation communautaire sera une priorité, avec des consultations publiques et la création de comités de gestion communautaire, permettant aux résidents de participer activement à la prise de décision concernant leur environnement résidentiel.

En mettant en œuvre ces initiatives, notre objectif est de garantir que chaque membre de la communauté ait accès à un logement décent et abordable, contribuant ainsi à l'égalité des chances et à la cohésion sociale au sein de la commune. Les logements sociaux ne sont pas seulement des structures physiques, mais des foyers où les individus et les familles peuvent s'épanouir et contribuer positivement à leur communauté.

Chapitre 7 : Economie locale

- Discussion sur les mesures visant à stimuler l'économie locale, promouvoir l'entrepreneuriat, et créer des opportunités d'emploi

Le chapitre consacré à l'économie locale dans notre programme politique détaille des mesures destinées à stimuler le développement économique, à promouvoir l'entrepreneuriat et à créer des opportunités d'emploi au sein de chaque commune.

Le marché local que nous envisageons jouera un rôle central en soutenant les producteurs locaux, favorisant la production régionale et réduisant la dépendance à l'égard des chaînes d'approvisionnement externes. En tant que plateforme pour les petites entreprises, le marché encouragera l'entrepreneuriat en offrant aux entrepreneurs locaux la possibilité de présenter et de vendre leurs produits. Cela contribuera non seulement à la vitalité économique, mais renforcera également les liens communautaires.

La mise en place d'une pharmacie locale est une initiative clé pour garantir l'accessibilité aux soins de santé. Cette installation offrira non seulement un accès facile aux médicaments mais également des conseils pharmaceutiques, contribuant ainsi à améliorer la santé globale de la communauté. Des programmes de sensibilisation à la santé préventive compléteront cette démarche, mettant en lumière l'importance des soins de santé réguliers et des pratiques de vie saines.

L'établissement d'un hôpital local sera une pierre angulaire pour fournir des soins de santé complets, y compris des soins d'urgence, des consultations spécialisées et des programmes de prévention. La collaboration avec les professionnels de la santé locaux, y compris les praticiens privés, garantira une gamme étendue de services médicaux de haute qualité, répondant ainsi aux besoins divers de la communauté.

L'hôtel de ville, en tant que centre administratif, offrira des services publics centralisés tels que l'émission de permis et l'enregistrement des naissances et des décès. Parallèlement, nous favoriserons la participation citoyenne en organisant des réunions publiques, des consultations et des plateformes en ligne, permettant aux résidents de participer activement au processus décisionnel.

Le développement de l'économie locale sera soutenu par la mise en place d'incubateurs d'entreprises pour encourager le démarrage de nouvelles entreprises locales. Des programmes de formation professionnelle renforceront les compétences de la main-d'œuvre locale, favorisant ainsi l'employabilité et la croissance économique. Ces mesures contribueront à créer un environnement propice à l'innovation et à la compétitivité sur le marché.

Des programmes spécifiques de logement abordable seront développés en collaboration avec des partenaires du secteur privé et des organisations à but non lucratif, garantissant que le logement reste accessible malgré les évolutions du marché. Les facilités de prêt à faible coût stimuleront les petites entreprises locales, encourageant l'investissement et stimulant l'activité économique.

La numérisation et l'innovation occuperont également une place prépondérante, avec un soutien à la transformation numérique des entreprises locales et des initiatives d'innovation dans des secteurs clés. Cela contribuera à renforcer la compétitivité économique, à créer des emplois dans des domaines émergents tels que la technologie et l'énergie durable, et à assurer une économie locale dynamique et résiliente.

En développant l'économie locale de manière équilibrée et inclusive, notre objectif est de créer un environnement propice à la prospérité économique, à la création d'emplois et au bien-être général des résidents de la commune. Cela renforce également la résilience de la communauté face aux changements économiques et encourage la durabilité à long terme.

Chapitre 8 : Santé pour tous

- Présentation des propositions pour renforcer les services de santé, construire des hôpitaux et pharmacies, et promouvoir la santé communautaire.

Le chapitre dédié à la santé dans notre programme politique vise à renforcer les services de santé, à construire des hôpitaux et des pharmacies, et à promouvoir la santé communautaire. Au cœur de nos propositions se trouve la création d'un hôpital local, offrant une gamme complète de services de soins de santé. Cet établissement assurera des services d'urgence, de médecine générale, de chirurgie, de gynécologie, de pédiatrie et de soins spécialisés, garantissant aux résidents un accès facile à des soins médicaux complets sans avoir à parcourir de longues distances. Nous prévoyons également d'investir dans des équipements médicaux modernes pour assurer des diagnostics précis et des traitements efficaces.

Les programmes de prévention et de promotion de la santé seront au cœur de notre approche. Des campagnes de sensibilisation informeront la communauté sur les maladies préventives, les bonnes pratiques de santé et l'importance d'une alimentation équilibrée. Des examens de santé réguliers seront mis en place pour détecter les problèmes de santé à un stade précoce, ciblant divers groupes d'âge et de risque.

Nous développerons des centres de santé de quartier pour assurer une accessibilité facile aux soins de santé de base, tels que les consultations médicales, les vaccinations et les soins préventifs. Ces centres joueront un rôle crucial dans la promotion de la santé maternelle et infantile, offrant des services spécifiques pour les femmes enceintes, les mères et les enfants.

La prise en charge des maladies chroniques sera une priorité avec la mise en place de cliniques spécialisées pour la gestion des maladies telles que le diabète, l'hypertension et les maladies cardiovasculaires. Des programmes de gestion du mode de vie seront également mis en œuvre pour aider les patients à adopter un mode de vie sain, y compris des conseils nutritionnels, des programmes d'exercices et un soutien psychologique.

La santé mentale et le bien-être émotionnel seront au centre de nos préoccupations. Nous renforcerons les services de santé mentale en fournissant des consultations psychologiques, des thérapies et des programmes de sensibilisation. Des initiatives éducatives seront lancées pour sensibiliser la communauté aux problèmes de santé mentale, réduire la stigmatisation et encourager la recherche d'aide lorsque nécessaire.

En préparation aux urgences et à la gestion des pandémies, des plans d'urgence seront élaborés pour faire face à d'éventuelles situations de crise. Nous constituerons des stocks de fournitures médicales essentielles en collaboration avec les autorités sanitaires nationales pour garantir une réponse immédiate en cas de besoin.

L'éducation sanitaire sera intégrée dans les écoles pour enseigner aux enfants les principes fondamentaux de la santé et encourager des habitudes de vie saines dès le plus jeune âge. Des ateliers communautaires sur des sujets de santé spécifiques seront également organisés pour encourager la participation et l'apprentissage continu.

Enfin, nous introduirons des services de télémédecine pour offrir aux résidents un accès à distance à des consultations médicales, ce qui est particulièrement crucial pour les zones éloignées. La télémédecine sera également utilisée pour suivre à distance les patients atteints de maladies chroniques, améliorant ainsi la gestion à long terme de leur santé.

En mettant en œuvre ces initiatives, notre objectif est de créer une communauté en bonne santé, où chaque résident a accès à des soins de santé complets, préventifs et de qualité. La promotion de la santé physique et mentale contribuera à renforcer la résilience de la communauté et à améliorer la qualité de vie globale.

Chapitre 9 : Culture et Arts

- Expansion sur les projets de promotion de la culture et des arts, y compris la construction de musées et de centres culturels.

La mise en place de Maisons de la Culture au sein de chaque commune constitue une pierre angulaire de notre engagement en faveur de la promotion des arts, de la culture et de l'éducation, ainsi que du renforcement du tissu social au niveau local. Ces espaces multifonctionnels sont conçus pour répondre aux besoins divers de la communauté en tant que centres d'activités culturelles, artistiques et éducatives. Dotées d'espaces polyvalents, les maisons de la Culture abriteront des salles de spectacle, des expositions artistiques, des ateliers éducatifs et des bibliothèques communales bien équipées. En offrant une programmation diversifiée, allant de concerts et de représentations théâtrales à des cours d'arts et de danse, ces espaces deviendront des catalyseurs dynamiques de la vie culturelle au sein de chaque commune.

Parallèlement, la construction de musées thématiques dans chaque commune représente une démarche significative pour préserver, célébrer et promouvoir notre riche patrimoine culturel et social. Ces musées, spécialisés dans des domaines variés tels que l'anthropologie humaine, la photographie, l'agriculture, les arts et métiers, ainsi que ceux spécialement dédiés aux enfants, serviront de pôles d'apprentissage, de découverte et d'attraction touristique. En mettant en avant des expositions interactives, des ateliers pratiques et des programmes éducatifs spécifiques, ces musées joueront un rôle essentiel dans la stimulation du savoir, le développement économique par le tourisme local, et la promotion de la culture locale. Ensemble, les Maisons de la Culture et les musées contribueront à renforcer l'identité communautaire, à promouvoir la fierté locale et à créer des hubs culturels dynamiques au sein de chaque commune, favorisant ainsi la créativité, l'échange intergénérationnel et l'épanouissement personnel.

Chapitre 10 : Agriculture et autosuffisance alimentaire

- Développement des programmes liés à l'agriculture communale, à la sécurité alimentaire, et à l'autosuffisance alimentaire.

La mise en œuvre de programmes dédiés à l'agriculture communale et à l'autosuffisance alimentaire représente une étape cruciale dans notre engagement envers le bien-être de chaque commune. L'analyse approfondie des ressources agricoles locales, allant de la qualité du sol aux conditions climatiques, constituera le fondement de notre approche planifiée. À cet égard, des programmes de formation détaillés et un accompagnement technique personnalisé seront déployés, permettant aux agriculteurs locaux d'adopter des pratiques modernes, durables et respectueuses de l'environnement.

La transition vers l'agriculture biologique sera fortement encouragée, avec des incitations financières et des conseils techniques visant à réduire l'utilisation de pesticides et d'engrais chimiques. Parallèlement, la diversification des cultures sera soutenue pour accroître la résilience face aux conditions météorologiques changeantes et promouvoir une variété alimentaire équilibrée. Des initiatives de soutien financier, notamment des fonds de subvention agricole et des microcrédits, seront déployées pour stimuler les investissements dans des équipements modernes et des technologies agricoles innovantes.

L'amélioration des infrastructures agricoles, la création de marchés locaux et des programmes éducatifs sur la nutrition compléteront cette approche holistique. Les cours de cuisine mettront en valeur la richesse culinaire de la région, tandis que des programmes de gestion des surplus et des systèmes de commerce équitable seront mis en place pour minimiser le gaspillage alimentaire et garantir des prix équitables aux agriculteurs locaux. L'innovation technologique, telle que l'adoption de l'agriculture de précision, jouera un rôle essentiel dans l'amélioration de l'efficacité et de la gestion des exploitations. En unissant ces efforts, nous aspirons à réaliser l'autosuffisance alimentaire au sein de chaque commune, renforçant ainsi la sécurité alimentaire, stimulant l'économie locale et promouvant des pratiques agricoles durables, érigées en piliers du développement communautaire.

Chapitre 11 : éco-tourisme communal

- Exploration des initiatives visant à développer le tourisme durable au niveau communal, mettant en valeur les ressources naturelles locales.

Le développement de l'éco-tourisme au niveau communal est une démarche stratégique visant à fusionner harmonieusement la préservation de l'environnement, la valorisation des ressources naturelles et culturelles locales, ainsi que la stimulation économique durable pour la communauté. En amont, une évaluation détaillée de la biodiversité et des ressources naturelles permettra de cartographier les écosystèmes sensibles, jetant ainsi les bases d'un éco-tourisme axé sur la conservation. À travers la création de sentiers de randonnée écologiques et de circuits guidés, les visiteurs pourront découvrir les merveilles naturelles tout en minimisant leur impact sur l'environnement. L'encouragement des hébergements écologiques, tels que les écolodges, s'inscrit dans cette approche, offrant une expérience authentique et responsable, intégrée de manière durable dans le paysage naturel.

L'éducation environnementale sera une pierre angulaire de cette initiative, avec des centres d'interprétation de la nature et des programmes éducatifs visant à sensibiliser les visiteurs, les écoles locales et la communauté en général. Le volet culturel sera également mis en avant, avec la préservation du patrimoine culturel local et des échanges favorisant la compréhension mutuelle. Des activités de plein air respectueuses de l'environnement, comme l'observation des oiseaux et le kayak écologique, seront proposées, guidées par des professionnels formés à l'éco-tourisme. La gastronomie locale et l'agriculture écologique seront également au cœur de cette expérience, avec la promotion de l'agro-tourisme et des cuisines durables mettant en avant les produits de la région.

Des partenariats étroits avec les acteurs locaux, la participation active des communautés locales et la coopération avec des organisations environnementales garantiront une approche inclusive, durable et scientifiquement informée. En intégrant des programmes de conservation pour restaurer les écosystèmes endommagés, cette initiative aspire à créer un éco-tourisme qui va au-delà de l'expérience de voyage classique, plaçant la préservation de la nature au cœur de chaque visite et contribuant ainsi à la prospérité durable de la communauté.

Chapitre 12 : Respect de l'environnement

- Présentation des programmes environnementaux, mettant l'accent sur la préservation des ressources naturelles et la durabilité.

Le respect de l'environnement au niveau communal constitue une démarche intégrée qui se déploie à travers une série de programmes environnementaux visant à garantir la durabilité, la résilience écologique et la qualité de vie pour les résidents. La première étape cruciale consiste en une planification urbaine durable, caractérisée par un zonage écologique qui protège les espaces sensibles tels que les zones vertes et les habitats naturels. En parallèle, une transition énergétique sera encouragée, favorisant l'adoption de sources d'énergie renouvelable pour réduire les émissions de gaz à effet de serre. Des programmes axés sur la mobilité durable seront développés pour minimiser l'impact environnemental du transport individuel, encourageant le recours aux transports en commun, au covoiturage et aux modes de déplacement doux.

La gestion des déchets et le recyclage joueront également un rôle central, avec la mise en place de systèmes de collecte sélective et le développement de centres de recyclage pour traiter les matériaux recyclables. Des campagnes de sensibilisation seront déployées pour encourager la réduction des déchets à la source et promouvoir l'utilisation de produits durables. Dans le domaine de la conservation de la biodiversité, des programmes de plantation d'arbres et des mesures de protection des espaces naturels seront instaurés pour préserver la richesse écologique de la région.

La gestion durable de l'eau sera une priorité, incluant des initiatives telles que la réutilisation des eaux pluviales et l'optimisation de l'irrigation agricole. Des campagnes de sensibilisation seront également organisées pour promouvoir la préservation de cette ressource essentielle. L'éducation environnementale occupera une place prépondérante, tant dans les écoles que dans la communauté, avec des ateliers pratiques sur la durabilité pour enseigner des pratiques respectueuses de l'environnement.

La protection de la qualité de l'air sera assurée par des mesures telles que la promotion de la mobilité électrique et la végétalisation urbaine. La participation communautaire sera encouragée à travers la création de groupes de bénévoles environnementaux et le soutien aux initiatives locales axées sur la durabilité. Pour garantir des normes élevées en matière d'efficacité énergétique, la certification environnementale des nouveaux bâtiments sera encouragée, avec l'objectif ambitieux d'obtenir des certifications telles que le label « Commune Verte ».

Le suivi environnemental sera réalisé à travers la surveillance des indicateurs environnementaux, permettant une évaluation continue des progrès et l'adaptation des programmes en fonction des évaluations. L'engagement en faveur de la durabilité, exprimé à travers ces programmes environnementaux, témoigne d'une vision globale visant à créer des communautés résilientes et respectueuses de l'environnement, contribuant ainsi à un avenir plus durable et équilibré.

Chapitre 13 : Nouvelles villes communales

- Développement des propositions pour la création de nouvelles villes, basée sur le mérite, accueillant une diversité d'habitants et d'activités.

La création de nouvelles villes communales représente une étape ambitieuse dans notre vision de développement, visant à établir des centres urbains modernes qui abriteront les infrastructures essentielles nécessaires à une croissance harmonieuse. Cependant, ce processus sera innovant, axé sur le mérite et l'inclusion sociale, avec des critères d'attribution des terres révolutionnaires. Contrairement aux traditions locales, l'attribution des terres sera basée sur le mérite, ouvrant ainsi la possibilité à tous les citoyens, indépendamment du genre, d'acquérir des terres en fonction de leur contribution à la société, de leurs compétences professionnelles et de leur implication communautaire.

La transparence sera la pierre angulaire de ce processus, avec la mise en place de comités indépendants supervisant l'attribution des terres pour garantir l'équité et l'égalité des chances. L'inclusion sociale et la diversité seront également au cœur de cette initiative, avec l'accueil de professionnels issus de divers secteurs tels que les arts, la science, la sécurité, et bien d'autres. Des quotas seront instaurés pour garantir une représentation équilibrée de toutes les strates de la société au sein de ces nouvelles villes, favorisant ainsi une cohabitation harmonieuse et une richesse culturelle dynamique.

L'élaboration de plans urbains durables sera une priorité, avec une conception écologique intégrant des espaces verts, des infrastructures écoresponsables et une gestion intelligente des ressources. Cette approche garantira des environnements de vie durables et accessibles à tous, y compris les personnes à mobilité réduite. En parallèle, le développement d'infrastructures modernes, telles que des écoles de qualité, des centres de santé et des installations culturelles et sportives, contribuera à créer des communautés bien équipées et propices à un développement équilibré.

Des programmes de développement économique seront mis en place, avec la création de zones dédiées aux activités économiques, de centres commerciaux et de marchés pour stimuler l'emploi et encourager l'entrepreneuriat local. Le soutien aux initiatives communautaires, les incitations à l'engagement social, et le soutien aux artistes et intellectuels renforceront le tissu social et culturel des nouvelles villes.

La gestion participative et démocratique sera assurée par des consultations publiques et la création de conseils de quartier, permettant aux résidents de participer activement aux décisions locales. Des programmes de formation et d'éducation continue, tels que des centres de formation et des initiatives éducatives sur la citoyenneté, favoriseront le développement des compétences et la compréhension des droits et responsabilités des citoyens.

En résumé, la création de nouvelles villes communales, basée sur des critères de mérite et d'inclusion sociale, vise à édifier des communautés dynamiques, durables et équitables. Ces initiatives offriront non seulement des conditions de vie améliorées pour les résidents, mais aussi des opportunités égales pour tous, renforçant ainsi le tissu social et économique de chaque commune.

Chapitre 14 : Financement des Projets Communaux

- Discussion sur les mécanismes de financement, y compris la mobilisation des ressources locales et le partenariat public-privé.

La réussite des projets communaux repose fondamentalement sur une planification financière robuste et diversifiée. Dans cette optique, notre approche vise à explorer un éventail de sources de financement pour assurer la pérennité des initiatives à long terme. Nous avons élaboré une stratégie structurée pour le financement des projets communaux, mettant l'accent sur la responsabilité financière et la participation active de la communauté.

En premier lieu, les fonds communaux constitueront une assise essentielle pour financer les projets locaux. Cette allocation se fera à travers le budget municipal, avec une distribution équitable des ressources entre les quartiers et les secteurs prioritaires. La constitution d'un fonds de réserve offrira une souplesse financière cruciale pour faire face à des situations imprévues et assurer une stabilité en cas de retards ou de changements économiques.

Les partenariats publics-privés (PPP) seront également explorés comme mécanisme de financement novateur. La collaboration avec des entreprises privées peut être catalytique pour le développement d'infrastructures, la prestation de services publics, et la réalisation de projets d'intérêt commun. Les contrats de concession permettront de tirer parti de l'efficacité du secteur privé tout en maintenant la propriété municipale.

Les subventions gouvernementales joueront un rôle clé, avec une stratégie proactive d'identification et de soumission de demandes. La participation à des initiatives nationales offrira également une opportunité de financement pour des projets prioritaires au niveau national.

Le financement participatif, à travers des plateformes de Crowdfunding, sera encouragé pour des projets spécifiques, renforçant ainsi le sentiment d'appropriation et d'engagement au sein de la communauté. Des événements de collecte de fonds, tels que des foires communautaires ou des ventes aux enchères, seront organisés pour mobiliser activement la participation locale.

La possibilité d'emprunts municipaux et de prêts à faible coût sera envisagée pour des projets d'infrastructure majeurs, exigeant une gestion financière prudente pour éviter un endettement excessif.

Par ailleurs, l'exploration de fonds de développement régional et international ainsi que des innovations financières telles que l'émission d'obligations vertes ou les partenariats avec des institutions de financement alternatif élargira encore les horizons des ressources disponibles.

Une gestion rigoureuse des finances est primordiale dans cette démarche. La mise en place d'un système d'audit transparent assurera une gestion efficiente et responsable des fonds, tandis qu'une planification financière à long terme garantira la soutenabilité des projets sur plusieurs années.

En conclusion, notre approche diversifiée du financement des projets communaux vise à assurer la réalisation réussie des initiatives tout en garantissant la stabilité financière à long terme de la commune. L'implication active de la communauté, la transparence dans la gestion des fonds et la recherche de partenariats stratégiques seront au cœur de notre stratégie financière, renforçant ainsi le développement durable de la commune.

Chapitre 15: Cohésion sociale, création de richesse et lutte contre la pauvreté

La cohésion sociale est le socle sur lequel repose la prospérité d'une communauté. Notre engagement envers la création de richesse et la lutte contre la pauvreté s'articule autour de programmes inclusifs visant à renforcer le tissu social, promouvoir l'égalité des opportunités et améliorer la qualité de vie pour tous.

La cohésion sociale, la création de richesse et la lutte contre la pauvreté sont des piliers fondamentaux de notre engagement envers le bien-être de notre communauté. Notre approche holistique repose sur des programmes inclusifs conçus pour renforcer le tissu social, favoriser l'égalité des opportunités et améliorer la qualité de vie pour tous nos résidents.

Dans le domaine de l'économie locale, nous mettrons en place des mesures significatives pour soutenir les petites entreprises. Des programmes de financement et de formation seront déployés pour encourager l'entrepreneuriat, stimulant ainsi la création d'emplois au sein de la communauté. De plus, le développement de zones d'activités économiques offrira des espaces propices à l'implantation d'entreprises, favorisant ainsi la croissance économique locale.

Le volet formation et développement des compétences jouera un rôle crucial. La création de centres de formation professionnelle fournira des opportunités de développement des compétences, ouvrant ainsi des portes vers des emplois qualifiés et favorisant la mobilité sociale. Des partenariats éducatifs seront établis pour concevoir des programmes alignés sur les besoins du marché du travail, facilitant ainsi une transition fluide de l'éducation à l'emploi.

L'égalité des opportunités sera un principe directeur, avec des politiques strictes de non-discrimination garantissant à tous les résidents, indépendamment de leur genre, de leur origine ou de leur statut social, des chances égales dans l'accès à l'éducation, à l'emploi et aux services. Des quotas seront instaurés pour assurer une représentation équitable des groupes marginalisés, promouvant ainsi la diversité et l'inclusion.

Pour améliorer les services sociaux, des initiatives de santé communautaire seront développées, offrant des services de santé préventifs, éducatifs et curatifs accessibles à tous, réduisant ainsi les disparités en matière de santé. Les programmes de soutien social seront renforcés pour aider les personnes vulnérables, créant ainsi un filet de sécurité crucial.

Concernant le logement, nous intensifierons la construction de logements sociaux abordables et initierons des projets de réhabilitation urbaine pour améliorer la qualité de vie dans les quartiers défavorisés, mettant l'accent sur l'infrastructure, la sécurité et l'environnement.

Les programmes d'insertion professionnelle faciliteront l'intégration des personnes en situation de précarité sur le marché du travail, avec un accent particulier sur la création d'entreprises sociales pour autonomiser économiquement les personnes défavorisées.

La promotion de la solidarité au sein de la communauté sera encouragée par des initiatives de bénévolat et la création de réseaux de soutien communautaires, apportant une aide mutuelle aux familles et aux individus en difficulté.

En ce qui concerne les aspects financiers, des programmes de microcrédit seront développés pour faciliter l'accès au crédit pour les entrepreneurs en herbe et les petites entreprises, complétés par des sessions de formation sur la gestion financière.

La sensibilisation et l'éducation joueront également un rôle clé, avec des campagnes éducatives visant à informer la communauté sur les questions de pauvreté, de stigmatisation et d'inégalités. Des programmes éducatifs sur la gestion financière seront également mis en place pour autonomiser les résidents en matière de planification budgétaire et d'épargne.

Enfin, un suivi et une évaluation continus seront instaurés, avec des indicateurs de progrès pour mesurer l'impact des programmes sur la cohésion sociale, la création de richesse et la réduction de la pauvreté. Une révision régulière des politiques et programmes garantira une approche adaptative et efficace au fil du temps.

En unissant nos efforts et en honorant nos valeurs communes, nous sommes déterminés à écrire un nouveau chapitre de réussite pour nos communes, où la cohésion sociale est une réalité, où chaque individu est habilité à atteindre son plein potentiel, et où la prospérité est partagée par tous.

Synthèse des propositions clés du programme politique.

- Appel à l'unité communale pour réaliser la vision d'un développement inclusif et durable.

Le programme politique que nous avons élaboré repose sur des propositions clés visant à catalyser le développement de nos communes vers l'inclusion sociale et la durabilité. Les chapitres précédents ont détaillé des initiatives allant de la préservation de l'environnement à la création de nouvelles villes communales, du financement des projets communaux à la promotion de la cohésion sociale et à la lutte contre la pauvreté. Ces propositions s'inscrivent dans une vision intégrée, plaçant la communauté au cœur du processus de prise de décision et du façonnement de son avenir.

L'appel à l'unité communale est essentiel pour concrétiser cette vision ambitieuse. En unissant nos forces et en œuvrant ensemble, nous sommes plus à même de surmonter les défis, de maximiser les opportunités et de créer un environnement propice à la prospérité collective. La réalisation d'un développement inclusif et durable requiert la participation active de chaque résident, une implication qui transcende les clivages et favorise une véritable collaboration.

En abordant les enjeux environnementaux, en favorisant une économie locale dynamique, en renforçant l'accès à l'éducation et à la formation, et en promouvant l'égalité des opportunités, nous jetons les bases d'une communauté résiliente et prospère. L'épilogue de notre programme politique envisage un avenir où ces propositions prennent vie, où les premières réalisations deviennent des pierres angulaires du succès commun.

Dans la mise en œuvre de ces initiatives, la transparence et la communication ouverte seront des éléments fondamentaux. Des mécanismes de suivi et d'évaluation seront instaurés pour évaluer les progrès réalisés et ajuster les approches si nécessaire. Nous aspirons à une gouvernance responsable, où la reddition de comptes et la participation citoyenne sont des principes directeurs.

L'invitation à la communauté est un appel à l'action. Nous exhortons chaque résident à s'engager activement dans le processus de développement communal. Que ce soit par la participation à des projets environnementaux, le soutien aux initiatives locales, l'implication dans des programmes éducatifs ou la contribution à des événements de collecte de fonds, chacun a un rôle à jouer dans la transformation de notre vision en réalité palpable.

En conclusion, le programme politique que nous présentons n'est pas simplement un ensemble de propositions, mais un appel à l'action collective. En unissant nos forces, en mettant en œuvre ces idées avec détermination et en promouvant des valeurs de solidarité, d'équité et de durabilité, nous pouvons forger un avenir où nos communes prospèrent en tant que communautés inclusives, dynamiques et résilientes. L'histoire de notre développement communal est entre nos mains, et ensemble, nous pouvons écrire un chapitre de succès durable pour les générations à venir.

Troisième partie

Quête pour une politique authentique aux Comores

I-   Le concept d'ennemi politique

Le concept d'ennemi politique, intrinsèquement lié à la nature même de la politique, soulève des questions fondamentales sur la manière dont les collectivités interagissent et s'affrontent dans l'arène politique. Il transcende la simple opposition entre individus pour plonger au cœur des affrontements entre groupes, où la substance du conflit réside dans la défense des intérêts collectifs. Dans cette perspective, l'ennemi politique ne se définit pas comme un individu isolé, mais plutôt comme un membre d'une collectivité opposée. C'est le choc entre deux entités politiques distinctes, chacune cherchant à concrétiser ses propres projets, idéaux et visions de société. La rivalité ne se cantonne pas au niveau individuel, mais s'étend à la lutte entre projets politiques, entre visions du monde divergentes. L'essence du concept d'ennemi politique réside dans la confrontation pacifique des idées et des projets au sein de l'arène politique. Il met en lumière la réalité que chaque collectivité aspire à défendre son projet politique et ses aspirations, et que le conflit émerge de la volonté de promouvoir et de protéger les valeurs spécifiques de chaque entité politique. Cependant, cette notion soulève des défis cruciaux, notamment comment maintenir la confrontation politique dans des limites respectueuses et constructives. Dans l'arène politique, où les divergences d'opinions et les confrontations d'idées sont inévitables, il devient impératif de faire la distinction cruciale entre la critique politique légitime, inhérente à tout débat démocratique, et la diabolisation de l'adversaire politique, qui peut entraîner une animosité stérile.

La critique politique légitime constitue le socle même d'une démocratie saine. Elle permet un examen approfondi des propositions, politiques et des actions des différentes parties prenantes. Dans ce contexte, les acteurs politiques ont le devoir de questionner, d'analyser et de contester les idées de leurs adversaires de manière constructive. Cela contribue à l'enrichissement du débat public, favorise la transparence, et offre aux citoyens une vision complète des enjeux. Cependant, la diabolisation de l'adversaire politique est une dérive préjudiciable qui menace le tissu même de la démocratie. Lorsque les acteurs politiques recourent à la déformation, à la diffamation et à la création délibérée d'une image négative de leurs adversaires, cela va au-delà de la critique légitime. Cette diabolisation crée un climat d'animosité, sapant la possibilité d'un dialogue constructif et dégradant la qualité du débat public. L'une des conséquences les plus préoccupantes de la diabolisation politique est la polarisation extrême de la société. Lorsque les adversaires politiques sont dépeints comme des ennemis irréconciliables, cela engendre une division profonde au sein de la population. Cette polarisation nuit à la cohésion sociale, entravant la capacité des citoyens à trouver des terrains d'entente et à œuvrer ensemble pour le bien commun.

Il est donc essentiel que les acteurs politiques, les médias et les citoyens eux-mêmes soient conscients des dangers de la diabolisation politique. Promouvoir un discours politique respectueux, axé sur les idées plutôt que sur les attaques personnelles, contribue à maintenir l'intégrité du processus démocratique. Encourager la diversité d'opinions tout en cherchant des points de convergence favorise un climat politique sain et constructif. En définitive, la démocratie prospère lorsqu'elle embrasse la critique politique légitime tout en rejetant la diabolisation de l'adversaire. C'est dans le respect mutuel, la compréhension des points de vue différents et la recherche constante de l'intérêt général que la démocratie peut véritablement prospérer et répondre aux aspirations de la société. La légitimité de la confrontation politique réside dans le fait que chaque parti politique cherche à défendre son projet politique et ses aspirations. Les affrontements ne sont pas motivés par des intérêts personnels, régionaux ou villageois, mais par la volonté de promouvoir et de protéger les valeurs et objectifs spécifiques de la collectivité.

L'essence profonde du concept d'ennemi politique réside dans la confrontation pacifique des idées et des projets au sein de l'arène politique. Il vise à éloigner les interactions politiques de la violence, de la barbarie, de la colère injustifiée et de la bassesse, en faveur d'un débat d'idées constructif. En privilégiant le dialogue et la confrontation d'idées plutôt que des méthodes destructrices, les partis politiques peuvent aspirer à une démarche politique plus éclairée et harmonieuse. Le fondement de cette approche repose sur la reconnaissance que chaque collectivité, en tant qu'entité politique distincte, a ses propres projets, idéaux et visions de société. Plutôt que de considérer l'adversaire politique comme un ennemi à abattre, le concept d'ennemi politique encourage à percevoir cette opposition comme une opportunité d'enrichissement mutuel par le biais du débat et de la confrontation d'idées.

En favorisant le dialogue, les collectivités peuvent exploiter la diversité des perspectives pour créer des politiques plus inclusives et éclairées. Ce processus permet d'identifier les forces et les faiblesses des différentes propositions, contribuant ainsi à une prise de décision plus informée. De plus, cette approche offre aux citoyens un aperçu transparent des choix politiques, renforçant ainsi la confiance dans le processus démocratique. La confrontation pacifique des idées incite également à un niveau élevé d'éthique et de responsabilité dans la sphère politique. En évitant les attaques personnelles et les pratiques dénigrantes, les acteurs politiques peuvent maintenir un climat propice à la coopération. Cela favorise une culture politique où la compétition se fait sur la base du mérite des idées et des projets plutôt que sur des tactiques destructrices.

Cette approche ne nie pas les inévitables divergences et tensions inhérentes à la politique. Au contraire, elle célèbre ces différences en tant que moteur de progrès. En concentrant l'énergie sur le débat intellectuel et la confrontation d'idées, les groupements politiques peuvent aspirer à une gouvernance plus éclairée, éthique et tournée vers le bien commun. Cependant, cette notion soulève également des défis et des interrogations. Comment maintenir la confrontation politique dans des limites respectueuses et constructives? Comment éviter que la rivalité politique ne dégénère en animosité personnelle? La distinction entre la critique politique légitime et la diabolisation de l'adversaire politique devient cruciale. La gestion efficace de la confrontation politique, tout en maintenant des limites respectueuses et constructives, constitue un défi crucial dans la vie démocratique. Pour éviter que la rivalité politique ne dégénère en animosité personnelle, il est essentiel d'établir des normes et des principes qui guident le débat politique. La distinction claire entre la critique politique légitime et la diabolisation de l'adversaire politique peut contribuer à répondre à cette problématique. Ainsi, promouvoir le respect mutuel constitue la base d'un débat politique sain. Les leaders politiques, les militants et les citoyens doivent reconnaître la légitimité des opinions divergentes et éviter les attaques personnelles. Par conséquent, le langage employé dans le discours politique doit refléter cette considération, en évitant les termes diffamatoires ou dégradants. Il est crucial d'établir des critères clairs pour déterminer quand une critique franchit la ligne vers la diabolisation.

Favoriser la transparence dans la communication politique contribue à éviter les malentendus et les interprétations erronées. Les acteurs politiques devraient être ouverts quant à leurs intentions, leurs positions et leurs actions, réduisant ainsi les spéculations et les suspicions qui peuvent conduire à la diabolisation. Encourager la médiation en cas de tensions accrues peut jouer un rôle crucial. Des instances indépendantes ou des médiateurs peuvent intervenir pour faciliter le dialogue entre les parties en conflit, favorisant ainsi une résolution constructive des différends. Responsabiliser les acteurs politiques est une responsabilité des leaders politiques. Ils ont la charge d'établir des normes éthiques au sein de leur parti ou mouvement, dénonçant fermement toute tentative de diabolisation et encourageant un comportement respectueux au sein de leur camp.

En mettant en œuvre ces mesures, il est possible de favoriser un environnement politique où la confrontation des idées demeure un moteur de progrès sans dégénérer en hostilité personnelle. La préservation de la démocratie repose sur la capacité des acteurs politiques et des citoyens à s'engager dans un dialogue constructif, même lorsqu'ils divergent profondément sur des questions politiques cruciales. Le concept d'ennemi politique met en lumière la nature inhérente du conflit dans la sphère politique, tout en soulignant la nécessité de le canaliser à travers des moyens civilisés. C'est une invitation à la confrontation d'idées, au débat de projets de société, tout en cherchant à éloigner les excès et à préserver la dignité inhérente à toute collectivité.

II- La quête de vrais partis politiques : défis et solutions pour les Comores

L'absence de véritables partis politiques basés sur un programme et une éthique constitue une problématique majeure dans de nombreux pays en voie de développement, et les Comores ne font pas exception. Cette réalité soulève des préoccupations fondamentales quant à la qualité de la démocratie, à la représentation politique et au développement durable de ces nations. Dans de nombreux pays en voie de développement, dont les Comores, l'absence de partis politiques solides, fondés sur des programmes clairs et une éthique politique robuste, constitue un défi majeur pour l'épanouissement d'une démocratie fonctionnelle. Ces partis politiques devraient servir de véhicules permettant l'expression diversifiée des aspirations de la société, chacun apportant des visions distinctes et des solutions concrètes aux défis nationaux. Cependant, cette vision idéale est souvent reléguée au second plan, submergée par des dynamiques politiques défaillantes.

Premièrement, la faiblesse des partis politiques aux Comores est attribuée à des facteurs tels que la personnalisation excessive de la politique. Les leaders prévalent souvent sur les idéologies et les programmes partisans, entraînant la formation de partis politiques centrés sur une figure emblématique plutôt que sur des principes solides. Cette tendance réduit la diversité des idées et des perspectives au sein des partis, compromettant ainsi leur capacité à représenter pleinement la pluralité des aspirations citoyennes. Deuxièmement, l'influence démesurée des intérêts particuliers, notamment économiques, détourne les partis politiques de leur mission première de service public. Les financements opaques, les liens douteux avec des entreprises privées et les pratiques clientélistes affaiblissent l'indépendance des partis politiques et sapent la confiance du public. Dans un tel contexte, les partis politiques deviennent des instruments de pouvoir au service d'intérêts restreints plutôt que des organes représentatifs des préoccupations générales de la population. Troisièmement, l'instabilité politique et les cycles récurrents de crises entravent également le développement de partis politiques solides aux Comores. Les changements fréquents de gouvernement, les conflits internes et les crises socio-économiques créent un environnement propice à l'émergence de partis opportunistes sans bases idéologiques solides. Cette instabilité perpétuelle rend difficile l'établissement d'une culture politique ancrée dans des programmes à long terme et dans une éthique politique cohérente.

Par ailleurs, le manque de transparence et de redevabilité au sein des partis politiques contribue également à cette problématique. L'opacité dans le financement, les processus de sélection des candidats et la prise de décision interne engendre un manque de confiance de la part des électeurs. Les partis politiques devraient être des organes ouverts et responsables, capables de mobiliser la confiance du public. L'absence de programmes politiques clairs et concrets constitue une autre dimension de ce problème. Trop souvent, les partis politiques aux Comores négligent de présenter des programmes détaillés, préférant des discours populistes ou des promesses vagues. Cela limite la capacité des électeurs à faire des choix éclairés et contribue à un environnement politique superficiel. Le manque d'éducation politique et civique contribue également à cette problématique. Les citoyens, souvent confrontés à des défis socio-économiques urgents, manquent d'outils nécessaires pour évaluer de manière critique les programmes et les éthiques des partis politiques.

Pour remédier à ces défis, il est impératif d'encourager la formation de partis politiques véritablement ancrés dans des idéologies claires et des programmes détaillés. Cela pourrait être réalisé par le renforcement des mécanismes de financement transparents, la promotion d'une culture politique axée sur les idées plutôt que sur les personnes. Il est impératif de promouvoir la transparence au sein des partis politiques, de renforcer l'éducation civique, d'encourager la participation citoyenne et d'instituer des mécanismes de responsabilisation. De plus, la promotion d'une culture politique basée sur des idées et des programmes plutôt que sur des affiliations personnelles est essentielle pour forger des partis politiques véritablement représentatifs aux Comores.

Dans un premier temps, il convient de souligner que des partis politiques robustes, fondés sur des programmes clairs et une éthique politique solide, constituent la colonne vertébrale d'un système démocratique fonctionnel. Ces entités devraient agir en tant qu'institutions représentatives, reflétant les diverses aspirations de la société et proposant des visions distinctes ainsi que des solutions aux défis nationaux. En outre, l'absence de mécanismes de responsabilisation interne et externe contribue à l'instauration de mécanismes internes de reddition de comptes, la promotion de l'éducation politique au sein des partis et la sensibilisation à l'importance des programmes clairs sont des étapes essentielles. De plus, des réformes juridiques et institutionnelles visant à renforcer la surveillance des activités des partis politiques peuvent contribuer à garantir leur conformité aux principes démocratiques et éthiques.

Cette dynamique engendre une fragmentation politique notable, où les partis ne sont souvent que des coalitions fragiles de personnalités plutôt que des institutions solides portant des idées concrètes. Les alliances politiques se forment et se défont en fonction d'intérêts personnels et régionaux changeants, plutôt que d'adhésion à des valeurs ou des convictions. Lorsque les affiliations personnelles prévalent sur les convictions idéologiques, la politique devient davantage une affaire de relations interpersonnelles que de débats d'idées. Les partis politiques, au lieu de représenter des visions distinctes pour l'avenir du pays, risquent de devenir des véhicules pour la promotion d'intérêts particuliers, qu'ils soient régionaux, ethniques ou personnels. Cette situation contribue également à l'absence de débats substantiels et constructifs au sein des partis politiques. Les divergences d'opinions sont éclipsées par des considérations personnelles, créant un environnement politique où les idées novatrices et les propositions concrètes sont reléguées au second plan, voire ignorées.

En somme, il est crucial de promouvoir une culture politique basée sur des idéologies claires et des programmes fondés sur des principes. L'éducation politique, la sensibilisation et la promotion d'une adhésion aux idées plutôt qu'aux personnalités sont des étapes importantes pour transformer la nature des partis politiques en Union des Comores. En encourageant une véritable adhésion à des idéaux politiques, on peut espérer établir des partis politiques solides et responsables, capables de répondre efficacement aux besoins et aux aspirations de la population.

III- Vers des Comores sans mer : un appel à l'unité et au progrès

L'idée novatrice des Comores sans mer transcende la simple suppression des barrières géographiques, ouvrant la voie à une réflexion profonde sur la manière dont les nations insulaires peuvent renforcer leurs liens, surmonter leurs différences, et œuvrer ensemble pour un développement harmonieux.

A. La libre circulation des personnes : un prélude à l'unité

Au cœur de cette vision réside la conviction que la libre circulation des personnes constitue le socle essentiel pour l'édification d'une unité solide. Cette initiative va bien au-delà du simple déplacement des biens ; elle aspire à favoriser les échanges humains à travers les îles comoriennes. Étudiants, travailleurs, entrepreneurs – tous devraient être en mesure de se déplacer librement d'une île à l'autre, créant ainsi un réseau dynamique d'interactions. La mobilité accrue, envisagée dans cette perspective, est bien plus qu'un déplacement physique. Elle incarne une invitation à un échange culturel vibrant, un catalyseur pour le renforcement de nos liens intrinsèques. Lorsque les esprits créatifs, les travailleurs acharnés et les entrepreneurs visionnaires peuvent circuler librement à travers notre archipel, cela favorise un brassage d'idées, de compétences et de perspectives qui accélère notre développement collectif.

Cette dynamique d'échange humain contribue à forger une identité commune au-delà des frontières physiques. Elle permet la création d'une toile sociale tissée par la compréhension mutuelle, le respect des diversités et la célébration de nos points communs. En favorisant cette mobilité, nous jetons les bases d'une unité robuste qui transcende les différences insulaires.

B- Intégration économique : un catalyseur de progrès

Les Comores sans mer nécessitent impérieusement une intégration économique plus étroite, une étape cruciale vers un avenir prospère et harmonieux. En assouplissant les échanges et en favorisant le commerce intérieur, nous créons un terreau fertile pour la croissance économique, dévoilant un éventail de bénéfices considérables. Tout d'abord, l'intégration économique renforce la résilience de notre archipel face aux défis extérieurs. En favorisant des échanges commerciaux fluides entre les différentes îles, nous réduisons notre dépendance à des ressources spécifiques à une région donnée. Ceci, à son tour, crée une économie plus robuste et diversifiée, moins sujette aux fluctuations et aux chocs externes.

Un aspect crucial de cette intégration réside dans la création d'un environnement propice à la création d'emplois. Lorsque les marchés sont ouverts et interconnectés, de nouvelles opportunités émergent. Les entrepreneurs peuvent explorer des marchés plus vastes, favorisant ainsi l'innovation, la création d'entreprises et, par conséquent, la génération d'emplois dans divers secteurs. La réduction des inégalités constitue un autre avantage significatif. Une intégration économique bien gérée peut contribuer à équilibrer le développement à travers toutes les îles comoriennes. En favorisant l'essor économique dans les régions moins développées, nous œuvrons pour une société plus équitable et résiliente.

Enfin, l'intégration économique offre la possibilité d'un développement harmonieux des Comores. En collaborant étroitement sur le plan économique, les îles peuvent partager leurs ressources, leurs compétences et leurs expertises, favorisant ainsi une croissance équilibrée. Cette approche globale contribue à renforcer l'unité nationale et à créer une vision commune pour l'avenir.

C- Solidarité et unité : les fondements de l'avenir des Comores

Pour concrétiser la vision des Comores sans mer, il est impératif d'encourager la solidarité et l'unité parmi les populations comoriennes. Au-delà des différences historiques et culturelles, nous devons édifier une identité comorienne commune, fondée sur le respect mutuel et la célébration de notre histoire partagée. La solidarité, en tant que principe fondamental, revêt une importance cruciale dans la construction d'une nation unie. Elle se manifeste à travers le soutien mutuel dans les moments difficiles, la coopération inter-îles face aux défis communs, et la reconnaissance que l'unité est la clé de notre résilience collective. En encourageant la solidarité, nous créons un tissu social fort, capable de surmonter les épreuves et de prospérer dans la diversité.

L'unité, quant à elle, doit être forgée à partir de notre compréhension commune de ce que signifie être Comorien. Cela implique de transcender les différences culturelles et historiques pour construire une identité partagée, ancrée dans nos valeurs communes. Le respect mutuel est le ciment qui consolide cette unité, reconnaissant la richesse de notre diversité et la force que cela apporte à notre nation. La célébration de notre histoire partagée joue un rôle essentiel dans la construction de cette identité commune. En reconnaissant nos réussites collectives, en apprenant de nos défis communs, nous renforçons le sentiment d'appartenance à une communauté comorienne unie. Cela crée une base solide pour l'unité, nourrissant un patriotisme qui transcende les frontières géographiques et renforce notre attachement à notre patrie commune.

Pour favoriser cette solidarité et cette unité, des initiatives éducatives et culturelles peuvent être mises en place. Des programmes visant à sensibiliser les citoyens à l'importance de l'unité, à célébrer notre diversité culturelle et à promouvoir le respect mutuel contribueront à tisser les liens qui sont essentiels à la réalisation de la vision des Comores sans mer. En encourageant ces valeurs, nous édifions une nation forte, résiliente, et unie, prête à affronter les défis et à prospérer dans la réalisation de la vision audacieuse d'un archipel sans mer, mais unifié par une identité commune.

D- Surmonter les frontières invisibles : un défi culturel

Abordons avec détermination les frontières invisibles qui subsistent entre nous, façonnées par des préjugés et des malentendus. Éduquons, sensibilisons et dialoguons pour dissiper ces barrières invisibles et construire des Comores plus unies et solidaires. Les frontières invisibles, ancrées dans des perceptions erronées et des stéréotypes, représentent un défi culturel à surmonter pour parvenir à une unité véritable. L'éducation joue un rôle central dans ce processus. En développant des programmes éducatifs axés sur la diversité culturelle et l'histoire partagée des Comores, nous pouvons instiller une compréhension plus profonde et nuancée entre les citoyens. Il s'agit de favoriser une éducation qui encourage la tolérance, célèbre la richesse de notre diversité, et remplace les préjugés par une appréciation mutuelle.

La sensibilisation constitue un autre levier essentiel pour dépasser ces frontières invisibles. Des campagnes médiatiques, des événements culturels, et des forums de discussion peuvent contribuer à mettre en lumière les contributions positives de chaque île comorienne, tout en soulignant les liens qui nous unissent. En partageant nos expériences et en mettant en avant nos réussites communes, nous renforçons le tissu social et diminuons les barrières perceptuelles qui peuvent subsister. Le dialogue ouvert et constructif demeure un outil puissant pour briser les barrières invisibles. Encourageons les conversations franches sur les préjugés, les malentendus, et les perceptions erronées. À travers le dialogue, nous pouvons instaurer une compréhension mutuelle, promouvoir l'empathie, et construire des ponts qui traversent ces frontières invisibles.

Le défi culturel des frontières invisibles exige un engagement collectif en faveur de l'éducation, de la sensibilisation, et du dialogue. Le chemin vers des Comores sans frontières est certes parsemé de défis, mais il offre également des opportunités extraordinaires de renforcer notre tissu social et de construire une nation plus unie. C'est un appel vibrant à l'unité, à la solidarité, et à la réalisation d'un pays sans frontières. Ensemble, nous avons le pouvoir de transformer cette vision audacieuse en une réalité concrète, où la diversité culturelle est célébrée et où les frontières invisibles n'ont plus leur place. En conclusion, la libre circulation des personnes aux Comores sans mer n'est pas simplement un moyen de déplacer des individus, mais plutôt un prélude à l'unité. En encourageant cet échange culturel et en favorisant la mobilité, nous jetons les fondations d'un développement harmonieux, où les Comores, malgré l'absence de barrières maritimes, navigueront ensemble vers un avenir prospère et interconnecté.

IV-   La voie démocratique : Un chemin solennel et morale vers le pouvoir

Depuis l'aube de l'histoire politique, les chemins menant au pouvoir se sont souvent divisés en deux voies distinctes et souvent opposées. D'une part, il y a la voie de la force, symbolisée par les coups d'État, les soulèvements armés et les renversements de régimes opérés par la violence brute. La voie de la force, héritée des temps anciens, a souvent été associée à des périodes tumultueuses de l'histoire où les ambitions individuelles ou de groupes ont cherché à s'imposer par la violence et la coercition. Les coups d'État et les soulèvements armés ont souvent été le résultat de conflits internes, de rivalités de pouvoir ou de tensions sociales exacerbées. Bien que certains de ces événements aient pu conduire à un changement de régime, ils ont également engendré des périodes d'instabilité, de répression et de conflit civil, avec des conséquences dévastatrices pour les populations civiles.

La brutalité inhérente à la voie de la force se manifeste dans les méthodes utilisées pour s'emparer du pouvoir, telles que la répression violente des opposants, la censure des médias, voire même des massacres de masse. Ces actions sont souvent perçues comme des atteintes aux droits de l'homme et à la démocratie, sapant les fondements mêmes de la gouvernance légitime et de l'ordre constitutionnel. De plus, les régimes issus de coups d'État ou de soulèvements armés sont souvent caractérisés par leur manque de légitimité et leur incapacité à gouverner de manière démocratique, ce qui peut entraîner un cycle perpétuel de troubles et d'instabilité politique.

En opposition à cette voie de la force, la démocratie représente un idéal de gouvernance basé sur la participation citoyenne, le respect des droits fondamentaux et la primauté de la loi. Les élections libres et transparentes sont le moyen par excellence pour les citoyens de choisir leurs dirigeants et de participer à la prise de décision politique. Cette voie pacifique vers le pouvoir, bien que parfois plus ardue et plus complexe, offre la possibilité de construire des institutions démocratiques solides et durables, garantissant la stabilité politique et le respect des droits de l'homme.

Cette voie est le fruit d'une volonté collective de parvenir au pouvoir de manière civilisée, en respectant les principes démocratiques et les règles du jeu politique. Contrairement à la première voie, celle-ci est caractérisée par son caractère pacifique, sa légitimité morale et sa capacité à consolider les institutions démocratiques. La voie démocratique vers le pouvoir, exigeant courage, abnégation, intelligence, ruse et diplomatie, a été le catalyseur de réussites politiques remarquables à travers le monde, y compris en Afrique. Des pays tels que le Botswana, le Ghana et l'Afrique du Sud ont établi des traditions démocratiques solides, caractérisées par des élections régulières, des transitions pacifiques du pouvoir et un respect des principes démocratiques.

Le Botswana, par exemple, est souvent cité comme un exemple de stabilité politique et de gouvernance démocratique en Afrique. Depuis son indépendance en

1966, le pays a organisé avec succès des élections libres et équitables, ce qui a permis des transitions pacifiques du pouvoir entre différents partis politiques. Cette stabilité politique a favorisé un développement économique soutenu et a permis au Botswana de devenir l'un des pays les plus prospères d'Afrique. De même, le Ghana a connu des alternances politiques réussies depuis la transition vers la démocratie dans les années 1990. Le pays a organisé plusieurs élections présidentielles et législatives libres et équitables, ce qui a permis des transferts pacifiques du pouvoir entre différents partis politiques. Cette tradition démocratique a contribué à renforcer la légitimité des institutions politiques et à promouvoir la stabilité politique et économique du pays.

En Afrique du Sud, la fin de l'apartheid a marqué le début d'une transition démocratique historique, avec l'élection de Nelson Mandela comme premier président démocratiquement élu en 1994. Depuis lors, le pays a organisé plusieurs élections présidentielles et législatives réussies, confirmant son engagement en faveur de la démocratie et de l'alternance politique pacifique. Cette transition démocratique a permis à l'Afrique du Sud de surmonter les divisions du passé et de se concentrer sur la construction d'une société fondée sur la justice, l'égalité et le respect des droits de l'homme. Ces exemples démontrent que la voie démocratique vers le pouvoir peut conduire à des réussites politiques durables et à des progrès socio-économiques significatifs. En dehors du continent africain, des pays comme l'Inde, le Canada et les pays scandinaves ont également établi des traditions démocratiques solides, avec des alternances politiques régulières et une gouvernance efficace. Ces pays ont démontré que la démocratie peut être un moyen efficace de résoudre les différends politiques, de promouvoir le développement économique et social, et de garantir les droits fondamentaux des citoyens.

Mon aspiration personnelle est profondément enracinée dans la conviction que la voie démocratique est la plus solennelle et légitime pour parvenir au pouvoir. Je crois fermement que les élections libres et transparentes constituent le fondement d'une gouvernance juste et équitable, permettant au peuple de choisir ses dirigeants en toute liberté et en toute conscience. Des exemples inspirants en Afrique et dans le monde illustrent la puissance de cette voie démocratique vers le pouvoir, souvent marquée par la création de partis politiques solides et la persévérance face aux défis. Nelson Mandela en Afrique du Sud est un exemple emblématique de leadership démocratique. Après des décennies de lutte contre l'apartheid et de sacrifices personnels, Mandela a fondé le Congrès national africain (ANC) et a œuvré pour une transition pacifique vers la démocratie, devenant finalement le premier président noir de l'Afrique du Sud élu démocratiquement en 1994.

Un autre exemple est celui de Lech Walesa en Pologne, leader du syndicat Solidarność, qui a joué un rôle crucial dans la lutte pour la démocratie en Pologne. Wałęsa a mené des efforts pacifiques pour défendre les droits des travailleurs et a finalement contribué à la chute du régime communiste en Pologne. Sa détermination et son engagement envers la démocratie ont été récompensés lorsqu'il est devenu le premier président élu démocratiquement de la Pologne en 1990. Ces exemples illustrent que la voie vers le pouvoir à travers la démocratie exige souvent un engagement profond, une persévérance inébranlable et un sacrifice personnel. Ceux qui aspirent au pouvoir par cette voie doivent non seulement être prêts à affronter les défis et les obstacles, mais aussi à défendre les valeurs de la démocratie et du pluralisme politique.

En revanche, je suis convaincu que la démocratie offre un cadre bien plus approprié pour la gestion des affaires publiques. Elle favorise un dialogue ouvert et inclusif, permet une prise de décision collective et transparente, et exige une reddition de comptes de la part des dirigeants envers ceux qu'ils servent. C'est un système qui garantit la participation de tous les citoyens, quel que soit leur statut social ou leur origine, dans la construction de l'avenir de leur pays. En choisissant cette voie, je m'engage à suivre les traces de ces leaders inspirants, à travailler pour la création d'un parti politique solide et à persévérer dans la quête d'une gouvernance démocratique, stable et prospère pour mon pays. Je crois fermement que les élections libres et transparentes sont le pilier d'une gouvernance juste et équitable, où le peuple a la possibilité de choisir ses dirigeants en toute liberté. C'est par cette voie démocratique que je souhaite accéder au pouvoir, non seulement pour assurer ma propre légitimité, mais surtout pour garantir la stabilité et le bien-être de mon pays. Je rejette fermement la voie de la force, considérant qu'elle est non seulement contraire à mes principes fondamentaux, mais aussi qu'elle est inhérentement vouée à l'échec. Cette approche, souvent adoptée par ceux qui sont mal préparés ou incapables d'assumer les responsabilités de la plus haute charge de l'État, ne peut conduire qu'à la division, à l'instabilité et à la souffrance pour le peuple.

En choisissant la voie des élections, je m'engage pleinement à respecter les principes démocratiques qui sous-tendent ce processus. Je crois en une campagne électorale basée sur la vérité, l'intégrité et le respect mutuel entre les différents acteurs politiques. De même, une fois au pouvoir, je m'efforcerai de gouverner avec équité, justice et compassion, dans le respect absolu de la loi et de l'éthique politique. Mon engagement envers la voie démocratique ne se limite pas à un simple désir de pouvoir, mais repose sur une conviction profonde en la capacité du peuple à façonner son propre destin. Je suis conscient des défis et des responsabilités qui accompagnent cette démarche, mais je suis également convaincu que c'est la seule voie viable vers un avenir meilleur pour tous les citoyens de mon pays.

En somme, la voie démocratique vers le pouvoir offre une alternative viable et morale à la violence et à l'instabilité politique. Les exemples réussis de transition démocratique à travers le monde montrent que la démocratie peut être un instrument puissant de progrès et de développement, offrant aux citoyens la possibilité de participer à la gouvernance de leur pays et de construire un avenir meilleur pour tous.

V-   Les grandes orientations du Parti Politique LES BÂTISSEURS-BUNDO

Le Parti Politique **LES BÂTISSEURS- BUNDO- (*Bâtir à l'Unanimité une Nation Démocratique et Opulente*)** s'affirme comme le moteur du progrès et du changement, guidé par une vision inclusive et axée sur le bien-être de la population comorienne. Fort de ses convictions, le parti a élaboré un ensemble de grandes orientations visant à transformer positivement la vie des citoyens et à édifier un avenir prometteur pour les Comores. Dans cette perspective, le parti s'engage fermement à réduire la pauvreté et le chômage des jeunes en mettant en place des politiques innovantes et des programmes de développement économique inclusifs. Il accorde une attention particulière à l'autosuffisance alimentaire en promouvant le développement de l'agriculture et de la pêche, reconnaissant ainsi leur rôle crucial dans la sécurité alimentaire du pays.

Parallèlement, BUNDO aspire à garantir un accès équitable à l'éducation, à l'eau potable, à l'électricité, et aux services de télécommunication. Des mesures concrètes seront prises pour soulager financièrement les ménages en matière d'éducation, tout en améliorant les infrastructures éducatives et en adaptant les programmes aux besoins du marché de l'emploi. La santé pour tous est une priorité pour BUNDO, qui élaborera des projets spécifiques pour la prise en charge de la grossesse, la gratuité des soins pour certaines pathologies, l'amélioration des infrastructures médicales, et la valorisation du personnel de santé.

Dans le domaine de la lutte contre la corruption, le parti s'engage à instaurer une société fondée sur l'intégrité et l'éthique, avec une participation active de toutes les composantes à cette cause. Une réforme en profondeur de l'administration publique est envisagée pour instaurer une gouvernance efficace, intègre, et exempte de corruption, garantissant l'équité et la justice sociale. BUNDO œuvre également pour la protection des droits des citoyens, le renforcement de la diplomatie, et la décentralisation. Il encourage le développement d'une économie verte, le financement du tourisme, et promet un accès équitable aux services sociaux de base, tout en intégrant systématiquement la dimension genre dans toutes les politiques publiques.

En conclusion, les grandes orientations du Parti Politique LES BÂTISSEURS- BUNDO dessinent une vision ambitieuse et inclusive pour l'avenir des Comores. Axées sur le bien-être des citoyens, l'éradication de la pauvreté, et la promotion du progrès, ces orientations définissent un cadre solide pour l'essor social, économique, et culturel du pays. BUNDO s'affirme comme le fer de lance du changement positif, construisant ainsi les fondations d'une nation prospère et équitable pour tous.

VI- Qu'est-ce que la social-démocratie

La social-démocratie, interprétée comme un mouvement social et politique ainsi qu'un ensemble d'idées politiques, trouve ses racines dans les luttes du 19e siècle pour les valeurs démocratiques, la justice sociale, l'égalité, et les droits de la personne. Principalement réformiste et non marxiste, elle émerge comme une alternative au capitalisme libéral. Les partis sociaux-démocrates, tels que le Parti Socialiste en France et le Labour Party au Royaume-Uni, sont étroitement liés aux organisations syndicales, privilégiant la négociation et la concertation pour provoquer des réformes sociales.

Originaire d'Allemagne, la social-démocratie évolue vers le *"social-libéralisme,"* intégrant des thèses libérales telles que l'économie de marché et la limitation du rôle de l'État, tout en maintenant un engagement envers la justice sociale.

Initialement associée à la classe ouvrière, la social-démocratie vise à obtenir une organisation sociale plus juste dans le cadre de la démocratie libérale et du marché libre.

Historiquement influencée par le marxisme, la social-démocratie se scinde des communistes après la révolution russe et la Première Guerre mondiale. Après la Seconde Guerre mondiale, les sociaux-démocrates abandonnent définitivement les références marxistes et les aspirations révolutionnaires. En Europe du Nord, notamment en Scandinavie, le terme désigne la mise en place d'un État-providence et d'une solidarité entre les classes sociales, reposant sur un capitalisme entreprenant.

Aujourd'hui, le sens de la social-démocratie évolue vers une approche réformiste et modérée du socialisme, s'attachant à apporter des correctifs sociaux au capitalisme dans le cadre d'une économie mixte. Le terme se confond souvent avec la notion plus large de socialisme démocratique, caractérisé par une pratique démocratique de l'État et une opposition aux conceptions socialistes autoritaires. En résumé, la social-démocratie représente un compromis entre l'État et le marché, ainsi qu'entre le patronat et les syndicats, avec un objectif de régulation sociale et économique au service de tous.

VII- Valeurs fondamentales de la social-démocratie

Le Parti Politique LES BÂTISSEURS- *BUNDO,* en inscrivant sa vision sur la social-démocratie, s'engage à définir clairement ses objectifs et à orienter son action politique vers le bien-être de la population comorienne. Le parti souligne l'importance des valeurs fondamentales de la social-démocratie, à savoir la liberté, la justice, et la solidarité, en tant que piliers essentiels de son idéologie. La liberté est présentée comme une valeur fondamentale partagée par tous les acteurs politiques, définie selon la vision de John Locke. Cependant, le parti reconnaît la nécessité de garantir cette liberté pour chaque individu dans la société comorienne, soulignant l'importance de la liberté de pensée, d'expression, et de choix.

En ce qui concerne la justice, la social-démocratie aborde les défis auxquels la démocratie sociale doit faire face, soulignant la complexité de son application théorique. L'égalité est présentée comme une nécessité, avec l'accent sur la répartition égale des biens et la définition des entorses à la norme du point de vue de la justice. La solidarité est définie comme un sentiment de responsabilité communautaire et réciproque, émergeant d'intérêts communs et se traduisant par des comportements altruistes envers la communauté. La social-démocratie reconnaît la solidarité présente dans la société comorienne, notamment à travers des pratiques traditionnelles telles que « m'saanda » et « bea ». Le parti souhaite exploiter cette solidarité pour favoriser le bien vivre ensemble des Comoriens.

En conclusion, le Parti Politique LES BÂTISSEURS-BUNDO adopte la social-démocratie comme idéologie politique et s'engage à mettre en œuvre ces valeurs fondamentales pour assurer le progrès et le bien-être de la population comorienne. La liberté, la justice, et la solidarité sont envisagées comme des principes directeurs pour la réalisation d'une démocratie sociale équitable et inclusive aux Comores.

Les BÂTISSEURS reconnaissent la tendance générale chez les Comoriens de créer des partis politiques avant d'élaborer des programmes politiques concrets. Malheureusement, nombreux sont les partis qui naissent et disparaissent sans que leurs programmes ne soient connus, ce qui est une source de regret. Pour rompre avec cette tradition, notre parti a décidé de déroger à la règle établie. Nous avons pris l'initiative d'élaborer un programme politique complet avant même de concrétiser le Parti Politique LES BÂTISSEURS-BUNDO. Actuellement, le parti demeure virtuel et fictif, en attente du moment opportun pour être officiellement créé. Notre priorité actuelle est de diffuser largement nos idées et convictions politiques, car nous croyons fermement que le changement des mentalités des Comoriens est essentiel pour l'avenir du pays. Lorsque notre programme sera largement diffusé, lu et connu du grand public, nous procéderons à la concrétisation du parti BUNDO-LES BÂTISSEURS.

Il est essentiel de souligner que, même si nous ne sommes pas en mesure de concrétiser toutes nos ambitions dans l'immédiat, nous sommes convaincus que nos idées et notre programme laisseront une empreinte durable. Comme l'a fait Karl Marx avec son œuvre *« Le Capital »* au 19e siècle, nous comprenons que parfois, il faut du temps pour que les idées se matérialisent. Nous nous positionnons dans la perspective que les générations futures pourront s'inspirer de notre démarche et de notre programme politique pour réaliser les rêves que nous avons pour les Comores. Ainsi, nous jetons les bases d'un mouvement politique qui transcende le présent pour influencer positivement l'avenir de notre nation.

Conclusion

En concluant ce programme politique novateur, nous jetons les bases d'une transformation profonde et durable au sein de nos communes. Notre vision est guidée par un engagement indéfectible envers la cohésion sociale, la création de richesse et la lutte contre la pauvreté. Ensemble, nous formons une communauté résolue à façonner un avenir où l'équité et l'inclusion sont les piliers de notre prospérité commune.

Au cours de cette aventure collective, nous avons tracé un chemin vers des nouvelles villes communales où la méritocratie et l'inclusion sociale sont les maîtres mots. Ces centres urbains modernes seront des incubateurs d'opportunités, offrant à chacun la possibilité de contribuer au bien-être collectif et de prospérer selon ses talents et ses efforts. La construction d'une économie locale dynamique est au cœur de notre stratégie. Nous avons créé des programmes pour soutenir les petites entreprises, promouvoir l'employabilité par le biais de la formation, et faciliter l'accès au logement et aux services sociaux essentiels. En favorisant l'égalité des opportunités, nous nous engageons à briser les barrières qui entravent le potentiel de nos concitoyens.

La lutte contre la pauvreté ne se limite pas à des mesures économiques, elle implique également une transformation culturelle. Nous cherchons à créer une culture de solidarité, de bénévolat et de soutien mutuel. Des initiatives de sensibilisation éducatives seront déployées pour éradiquer les stigmates associés à la pauvreté et encourager une compréhension profonde des enjeux sociaux. L'évaluation continue de nos actions sera cruciale. Nous sommes déterminés à rester flexibles, à apprendre de nos succès et de nos défis, et à ajuster nos stratégies en fonction des besoins évolutifs de notre communauté. Nous mettrons en place des mécanismes de suivi transparents pour garantir que chaque résident puisse évaluer l'impact de ces initiatives sur sa vie quotidienne.

Ensemble, en tant que membres actifs de cette communauté vibrante, nous bâtirons un avenir où chacun peut réaliser son potentiel, où la richesse est partagée équitablement, et où la cohésion sociale est la norme. Ce programme n'est pas seulement une série de propositions, c'est une invitation à forger collectivement une réalité où la dignité, la justice sociale et la prospérité définissent notre existence commune. Ainsi, nous jetons les bases d'une ère nouvelle, une ère où l'unité, la diversité et l'inclusion sont les forces qui propulsent nos communautés vers des horizons prometteurs. Ensemble, nous écrivons un chapitre d'histoire qui transcende les limites du présent pour créer un avenir dont nous pouvons tous être fiers.

Merci de vous joindre à nous dans cette aventure. Ensemble, nous sommes la force du changement, et ensemble, nous réaliserons une communauté plus forte, plus solidaire et plus prospère pour tous.

Table des matières

Printed by Books on Demand GmbH, Norderstedt / Germany